Georg von Carnap

Zieh Dich zurück und werde gesund

Die Sieben-Tage-Askese

VERLAG PETER ERD MÜNCHEN

Ich danke

Angela Lerch,
Dr. Karl Jung,
Dr. Gisela Wickert,
Dr. Wido Parczyk,
Dr. Michael Scherzer,
Dr. Konrad Janzen,
Prof. Dr. W. Pürschel,
Prof. Dr. W. Lechner,

ohne deren Anregungen
dieses Buch nicht
zustandegekommen wäre.

Fotos: Tony Stone, München, CV, Düsseldorf, Rainer Binder, München

ISBN 3-8138-0404-6

Inhalt

Einleitung

Die größten Ereignisse sind unsere stillsten Stunden.
(Ovid, 43 v.–18 n. Chr.)

So sieht er aus, der Teufelskreis, in dem sich die Mehrzahl der Bürger unserer westlichen Zivilisation früher oder später wiederfindet:

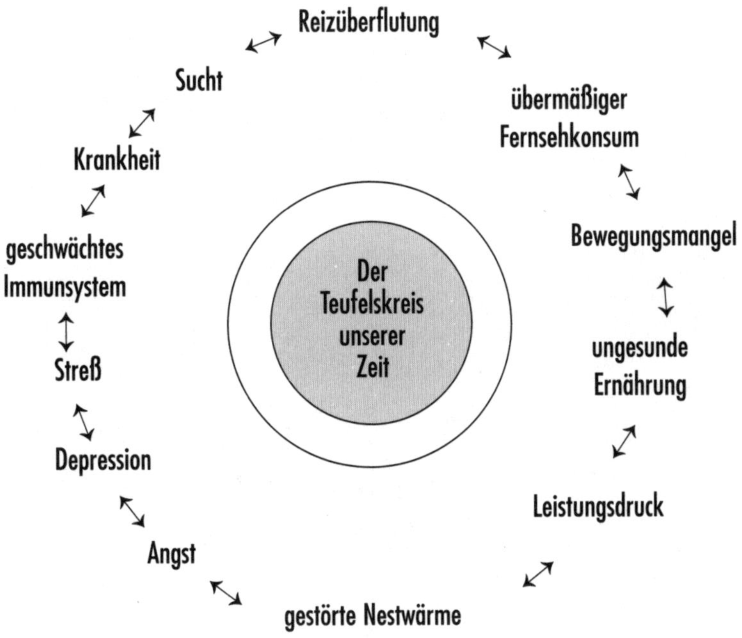

Ängste und Krankheiten hat es gegeben, seit das Menschengeschlecht besteht. Bewegungsmangel durch entfremdete Arbeit und Lebensweise sowie ungesunde Ernährung sind Kinder unserer Zeit. Zu den seit altersher bekannten Süchten – Alkohol-, Nikotin-, Drogensucht – sind neue hinzugekommen: Eß-, Tabletten-, Kauf-, Fernsehsucht...Vor allem jedoch die Fülle der auf uns niederprasselnden Reize vervielfacht sich von Jahr zu Jahr. An eben dieser Stelle wollen wir den Teufelskreis durchbrechen:

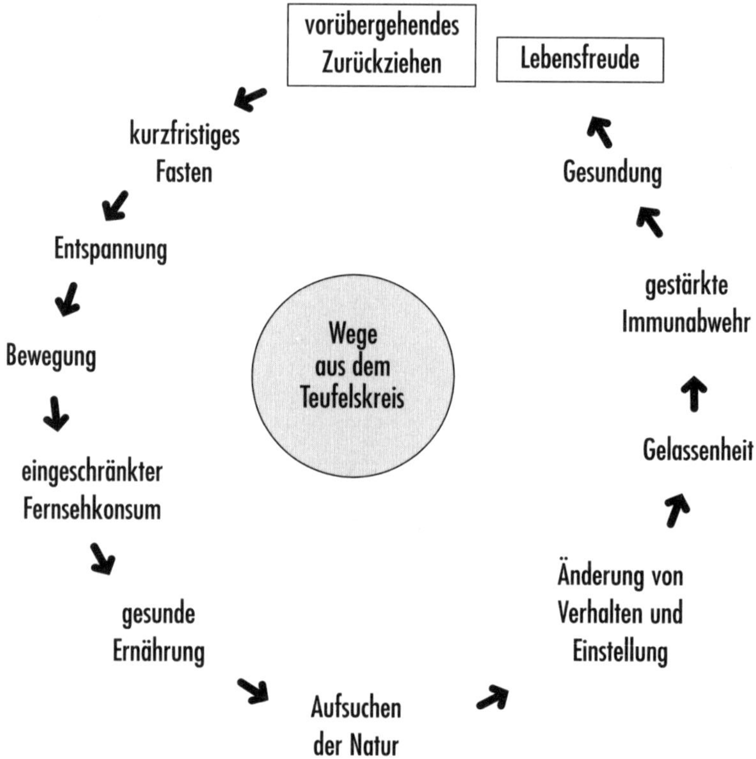

Im Verlauf der Sieben-Tage-Askese für Leib und Seele wirst Du dies alles in komprimierter Form kennenlernen. Es dürfte keine zweite Therapie geben, die in solch kurzer Zeit auf natürlichem Wege eine dermaßen deutliche und meßbare Veränderung in Dir hervorzurufen vermag.

Wer sein Zimmer renovieren will, der muß zunächst einmal die alten Tapeten abreißen und die Wände reinigen. Tag für Tag reinigen wir aufs gründlichste unser Äußeres. Unser Inneres jedoch vernachlässigen wir seit langem. Den alten Müll, der sich in Körper, Geist und Seele angesammelt hat, den belassen wir dort und kümmern uns nicht weiter darum. Die Sieben-Tage-Askese reinigt Dein Inneres, scheidet Ballast, Gifte, Abfall, Dreck aus, trennt das Wesentliche vom Überflüssigen. Am Ende der Kurzzeitaskese wird Dein Urin kristallklar sein wie eine Bergquelle und das Geschäft zartgelb und duftend wie das erste Häuflein eines mit Muttermilch gestillten Säuglings – als äußere Zeichen der vollzogenen Reinigung. Neugeboren wie ein Säugling werden sich auch Körper, Geist und Seele fühlen.

Wenn Du diese Tage durchstehst und die aufgeführten Anregungen in Dein zukünftiges Leben mit einbeziehst, wirst Du 99% Deiner Beschwerden und Erkrankungen positiv beeinflussen und über 70% der Erkrankungen und Süchte auf Dauer zum Verschwinden bringen. Zudem werden mindestens 90% der Medikamente, die Du bisher gewohnt warst einzunehmen, früher oder später überflüssig.

Wenn der ganze Dreck erst einmal nach außen befördert wurde, wirst Du offener, leichter, angstfreier, persönlicher, spontaner, gefühlvoller, empfindsamer, empfindungsreicher, gelassener, lockerer, humorvoller, unternehmungslustiger, gesünder, entspannter, ideenreicher, kreativer, freier, unabhängiger, selbstbewußter, attraktiver, liebenswerter.

Nein, nicht sämtliche Probleme, die von außen auf Dich zukommen, vermag dieses Programm wegzuzaubern, nicht die allgemeine Unsicherheit und die Gefahren dieser Welt, nicht die Erwartungen und Anforderungen von Partner, Familie, Beruf und Gesellschaft. Aber Du wirst anders damit umgehen. Dein Verhalten, Deine Einstellung, Deine Reaktionen werden sich ändern, und die Alltagssorgen werden Dich nicht mehr aus Deiner Bahn werfen können.

Ganz nebenbei wirst Du schlanker und eine Menge Geld und Zeit einsparen: an Genuß- und Suchtmitteln, Frustkäufen, Medikamenten, Kuren, Diäten, ärztlichen und psychotherapeutischen Behandlungen, Krankenhausaufenthalten.

Wer es versteht, auf Körper und Seele zu achten und sich rechtzeitig zurückzieht, wenn die ersten Signale dies anzeigen, der wird all das nicht mehr nötig haben. Wer Körper und Seele gereinigt hat, der wird ganz von selbst darauf bedacht sein, diese nie wieder in dem Maße mit Überflüssigem zu belasten.

Die Kenntnis der heilenden Wirkung der inneren Reinigung von Körper, Geist und Seele beruht auf uralten Menschheitserfahrungen. Die Fastenzeit der Katholiken und Mohammedaner finden meist zu einer Zeit statt, in der sich auch die Natur für das wiedererwachende Leben vorbereitet. So liegt die Fastenzeit der Katholiken nicht zufällig in den Wochen zwischen Fastnacht und Ostern, wenn Pflanzen, Mensch und Tier sich nach der allgemeinen Winterstarre zu neuen Aktivitäten aufmachen.

Zahlreiche große Persönlichkeiten haben sich jeweils für längere Zeit zurückgezogen, um Kraft zu schöpfen für bevorstehende Höchstleistungen. Moses enthielt sich 40 Tage jeglichen Kontaktes zu anderen Menschen sowie jeglicher Nahrungsaufnahme, ehe er sein größtes Werk, die Zehn Gebote, dem Volk präsentierte. Auch Jesus zog sich 40 Tage an den einsamsten Ort zurück, den die Natur uns anzubieten hat: die Wüste, bevor er drei Jahre wirkte und lehrte und so zum meistgeachteten Menschen aller Zeiten wurde.

Mohammed pflegte sich in eine Höhle zurückzuziehen, ehe er mit neuen Gedanken und Taten wieder auf die Menschen zuging. Auch der dritte der großen Religionsbegründer, Buddha, suchte immer wieder die Einsamkeit auf. Allerdings war dessen Ziel die völlige Reizlosigkeit, die endgültige Leidenschaftslosigkeit, die lebenslange Askese, das absolute Nichts (Nibbana/Nirwana). Das aber ist nicht der Zweck und das Ziel unseres Programms. Im Gegenteil. Solange niemand in der Lage ist, uns 100%ig nachzuweisen, ob es ein Leben nach dem Tode gibt, und wenn ja, ob es sich lohnt, dafür dem Diesseits zu entsagen, solange wollen wir aus unserem kurzen irdischen Dasein auch ein Höchstmaß an Freude und Wohlgefallen schöpfen.

Und so wählen wir die Sieben-Tage-Askese nicht um der Askese willen, sondern um die Freude am Leben bewußter wahrzunehmen und auszukosten. Wir haben nicht vor, blaß und grau und lebensfremd durch das Dasein zu schleichen und vom Morgen bis zum Abend stets an das eine zu denken: an die Gesundheit, an Vernunft, Regelmaß, Askese. Wir wollen nicht zu Gesundheitsaposteln werden, den Feinden jeder lustigen Gesellschaft und jeder leidenschaftlichen Beziehung.

Wir wollen es dem Meer gleichtun, aus dem alles Lebendige entstammt, das sich stets von neuem zurückzieht, um frische Kräfte zu sammeln, denn ohne Ebbe keine Flut, ohne Nacht kein Tag, ohne Ruhe kein Sturm, ohne Entspannung keine Kraft.

Ebbe ist Ruhe und Stille, auch Langeweile und Einsamkeit, während der sich Körper und Seele regenerieren und gesunden. Flut ist das pralle Leben, die Liebe, Leidenschaft, Haß, Streß, Kampf. Wer jedoch die Ebbe scheut und sie weder zuläßt noch aushält, wer ohne Unterlaß hohe Wellen schlägt, der wird früher oder später depressiv, süchtig, krank.

Die Sieben-Tage-Askese für Leib und Seele

EINFÜHRUNG

Das Ziel der Sieben-Tage-Askese ist, uns von Streß, Krankheit, Ballast, Gift, Dreck, Kummer und Sorgen, welche sich im Laufe der Jahre in Körper und Seele eingenistet haben, frei zu machen, indem wir uns so weit zurücknehmen, wie es uns möglich ist.
Am Anfang dieses Prozesses steht ein Crash-Programm von sieben Tagen. Wenn Du das durchhältst, wirst Du gereinigt, gefestigt, gesünder, gelassener, stärker und schöner daraus hervorgehen. Du kannst es dann dabei belassen und den Vorgang 3 – 4 Monate darauf noch einmal durchführen.Vermutlich jedoch wirst Du, wenn Du am eigenen Leib erfahren hast, auf welch einfache Art und Weise Du Deinen geschwächten Körper und Deine verwirrte Seele erneuern, stärken, zu heilen vermagst, Lust auf mehr verspüren. In diesem Fall wirst Du Dein Leben ganz von selbst verändern wollen (wozu Du weder Partner, noch Wohnort, noch den Beruf wechseln mußt), und dann wird es gar nicht mehr lange dauern, und die Begriffe Krankheit, Streß, Depression und Sucht werden Dir wie Worte aus einer fremden Welt erscheinen.

Das Programm umfaßt zwei Stufen:

Stufe 1
ist für diejenigen Personen gedacht, die das Gefühl haben, im Leben weitestgehend zurechtzukommen, nur selten krank, gestreßt oder verängstigt sind. Sie sind weder suchtgefährdet noch übermäßig dick, möchten jedoch Vorsorge treffen, damit dies so bleibt. Die positive Wirkung des Sieben-Tage-Programms der Stufe 1 entspricht in etwa der Wirkung einer drei- bis vierwöchigen Kur unter ärztlicher Anleitung.

Stufe 2
ist für Menschen gedacht, die durch mancherlei private, berufliche, krankheitsbedingte Rückschläge und Enttäuschungen den Wert einer gesunden Lebensführung erkannt und bereits etliche Ärzte, Therapeuten, Heilpraktiker, Medikamente, Diäten, Ratgeberbücher getestet haben, ohne dadurch wesentlich weitergekommen zu sein. Die positive Wirkung des Sieben-Tage-Programms der Stufe 2 entspricht in etwa einer erfolgreichen abgeschlossenen sechswöchigen Kur unter ärztlicher Leitung.

Übersicht
Die Sieben-Tage-Askese, 1. – 7. Tag, Stufe 1

gänzlich meiden:

Fernsehen * Alkohol * Fleisch * Süßigkeiten

so wenig wie möglich:

reden * essen * Auto fahren * Arbeit am Computer * Umgang mit Maschinen * Termine * Medikamente * Telephon * Fett * Zucker * Salz * Kaffee/schwarzer Tee (max. 3 Tassen) *
Nikotin (max. 5 Zigaretten) * Sexualität

statt dessen:

zurückziehen * ausruhen * entspannen * bewegen * frische Luft * Sport * Gymnastik * künstlerische Betätigung * musizieren * lesen

Die Ernährung:

1. Tag: nichts als Quell/Mineralwasser
2. – 7. Tag: reine Pflanzenkost wie Vollkornbrot, Vollkornhaferflocken gekeimtes Getreide, Gemüse, Salat, Kräuter, Reis, Pellkartoffeln, Obst (vor allem Äpfel).

Die Getränke:

reichlich Quell-/Mineralwasser, Kräuter-/Früchtetees – möglichst ungesüßt –, in Maßen: 100%ige Obstsäfte (vor allem Apfelsaft) sowie 100%ige Gemüsesäfte – jeweils 1:1 mit Wasser verdünnt.

Übersicht
Die Sieben-Tage-Askese, 1. – 7. Tag, Stufe 2

gänzlich meiden:

Fernsehen * Telephon * Computer * Termine * Maschinenarbeit * Autofahren * Gespräche * Sexualität * Zeitungen/Zeitschriften * Radio * Nikotin * Rauschmittel * Alkohol * Kaffee * schwarzer Tee * gesüßte Getränke * Fett * Zucker * Salz * feste Nahrungsmittel * Medikamente (nach Möglichkeit)

statt dessen:

zurückziehen * ruhen * entspannen * schweigen * frische Luft * Natur * Bewegung * Meditation * Gymnastik * zweckfreie künstlerische Betätigung

Die Ernährung:

keinerlei feste Kost an den Tagen 1–7

Die Getränke:

ausschließlich Quell-/Mineralwasser (natrium-/nitratarm). 2–3 Liter täglich; dazu an den Tagen 1, 3 und 5: jeweils etwa 0,125 Liter Sauerkrautsaft morgens auf nüchternen Magen.

Der auffallendste Unterschied zwischen Stufe 1 und 2 liegt im Bereich Ernährung. Wer Stufe 1 wählt, der fastet am ersten Tag und nimmt in den Tagen darauf ausschließlich pflanzliche Nahrung zu sich. Wer Stufe 2 wählt, der wird an jedem der sieben Tage ausschließlich Wasser konsumieren. Er wird beträchtlich an Übergewicht verlieren, und der Reinigungsvorgang in Körper, Geist und Seele wird von deutlich höherer Intensität sein. Im übrigen dämpft häufiges Trinken das Hungergefühl: Es ist einfacher, sieben Tage lang gar nichts zu essen, als sieben Wochen eingeschränkt (Diät). Wer Obst, Gemüse, Salat, Vollkornbrot ißt und zwischendurch reichlich trinkt, wird selten oder nie Hungergefühle verspüren.

Vielleicht hast Du als erstes einmal in vorliegendem Buch geblättert und Dir die Frage gestellt: Muß ich nun mit allem aufhören, was Spaß macht? Das genaue Gegenteil ist unser Ziel. Wer gesünder, gelöster, freier, gelassener wird, der hat auch mehr vom Leben, und seine Mitmenschen werden gleichermaßen davon profitieren.

Wer gesund und schlank ist, der kann es sich ruhigen Gewissens leisten, sich einmal richtig gehenzulassen, mit »Weib, Wein und Gesang«, oder, wenn Du so willst, mit »Mann, Tanz und Gesang«. Wir möchten keinen Mönch, keine Nonne, keinen Trauerkloß aus Dir machen. Gefährlich für Leib und Seele werden ungesunde Lebensgewohnheiten nur dann, wenn man sie regelmäßig und zwanghaft ausübt.

Wer jedoch jeden Tag Schokolade, Chips, Pralinen, Wein, Schlaf-Beruhigungs-Konzentrationsmittel oder mehr als 5 Zigaretten braucht, um über die Runden zu kommen, wer es nicht mehr schafft, einen Waldlauf von 30 Minuten ohne Unterbrechung durchzustehen, wer jeden Tag drei Stunden und mehr vorm Fernseher sitzt, wer Jahr für Jahr seine Garderobe auswechselt, weil ihm die alte zu eng geworden ist, wer es aufgegeben hat, lieb zu seinen Liebsten zu sein, wer nahezu permanent krank und gestreßt ist, für den ist es eine Minute vor 12; der sollte etwas für sich tun, nicht irgendwann, sondern hier und heute, jetzt und sogleich.

Vermutlich trägst Du Dich schon seit einiger Zeit mit dem Gedanken, Dein Leben zu ändern und Dich von dem Druck übler Laster zu befreien, wenn es doch bloß nicht so weh täte. Vermutlich hast Du bereits alles mögliche ausprobiert: Tabletten, von denen die Werbung sagt, daß sie Deine Probleme lösen, ohne weh zu tun, Diäten, die schlank und fit machen, ohne daß sie weh tun, Bücher, die Dir ein besseres Leben versprechen, ohne daß es weh tut. Du wärst auch bereit, viel Geld für die Erfüllung Deiner Hoffnungen hinzulegen, wenn es nur nicht weh täte.

Aber es muß weh tun, wenn es helfen soll. Um ein neues Leben zu gebären, muß die Frau Schmerzen und Mühen der Geburt ertragen. Einem sanften, ruhigen Meer geht die Flut voraus. Die Luft ist dann besonders rein, wenn zuvor ein Sturm gewütet hat. Ohne Schweiß kein Preis. Ohne Nacht kein Tag. Ohne Leid keine Lust. Ohne Arbeit kein Lohn. Keine Rosen ohne Dornen. Kein Licht ohne Schatten.

Hör nicht länger auf die Scharlatane, die Dir den Himmel auf Erden versprechen, ohne daß Du Dich dafür anstrengen mußt.

Löse Dich sieben Tage von nahezu all Deinen Gewohnheiten. Sollte Dir das auf Anhieb gelingen, so ist dies ein Zeichen dafür, daß Du bislang bereits weitgehend auf die Stimmen Deines Körpers und Deiner Seele geachtet hast. Schaffst Du es nicht, so verzweifle nicht, probiere es ein andermal und lenke Dein Augenmerk auf die weiterführenden Empfehlungen in diesem Buch. Solltest Du allerdings im Verlaufe der kommenden 12 Monate zu keinem Zeitpunkt in der Lage sein, Dich sieben Tage von Deinen Gewohnheiten zu lösen, dann bist Du ein ernster Fall. Dann bist Du unfrei, abhängig. Alles, was Du nicht schaffst, sieben Tage zu lassen (außer trinken und schlafen), könnte eines Tages lebensgefährlich für Dich werden.

Für wen ist dieses Programm da?

Letztendlich dürfte unser Sieben-Tage-Programm sämtlichen Personen bei sämtlichen Beschwerden, Kümmernissen und Krankheiten eine Hilfe sein. Von 100 Teilnehmern werden etwa 90 baldmöglichst mit der Kur beginnen können, ohne sich Sorgen vor eventuellen Nachteilen machen zu müssen.

Kinder allerdings sollten an dem Programm der Stufe 2 nicht teilnehmen und bei Stufe 1 nur dann, wenn sie es freiwillig und gerne tun. Auch gibt es einige Tätigkeiten und Erkrankungen, bei denen Achtsamkeit geboten ist und man sich im Zweifelsfalle mit einem Arzt, einer Ärztin in Verbindung setzen sollte. Dies gilt insbesondere für Stufe 2.

Vorsicht bei Tätigkeiten, die eine schnelle Reaktionsfähigkeit und überdurchschnittliche Konzentration erfordern, z. B. in Zusammenhang mit unfallträchtigen Maschinen und Fahrzeugen. Vorsicht bei schwerwiegenden akuten Infektionen, nach Operationen und Unfällen, bei Schwangerschaft und Stillzeit, bei Altersschwäche, bei fortgeschrittenem Kräfteverfall (z. B. Magersucht), bei Tuberkulose, bei akuten Geschwüren, bei akutem Krebs und ähnlichen Beschwerden.

Was ist das Ziel?

Besonders gute Erfolge der Sieben-Tage-Askese sind bei nachstehend aufgeführten Problembereichen zu verzeichnen: Streß, Depression, Unruhezustände, Schlafstörungen, Konzentrationsstörungen, Kopfschmerzen (Migräne), Nikotinsucht, Tablettensucht, Drogensucht, Fernsehsucht, Kaufsucht, Kleptomanie, Spielsucht, Arbeitssucht, Eßsucht, Alkoholsucht, Erschöpfungszustände, chronische Katarrhe, banale Infektionen, Magen-/Darmstörungen (einschließlich Durchfall und Verstopfung), Hauterkrankungen, Herz-/Kreislaufstörungen, Asthma, Allergien, Bluthochdruck, rheumatische Beschwerden, Rückenschmerzen, Krebs im Vorstadium, Karies, Parodontose, Arterienverkalkung, Augenstörungen, Krampfadern, Gicht, Nieren-/Leber-/ Gallen-/Blasenerkrankungen.

Welches ist der richtige Zeitpunkt?

Beginne in naher Zukunft, aber wähle den Zeitpunkt sorgsam aus. Zwar ist unsere Sieben-Tage-Askese hervorragend geeignet als vorbeugende Maßnahme vor Phasen des Hochstresses, wie z. B. Examen, Umzug, Hochzeit, Scheidung, Weihnachten und anderer bedeutsamer Termine und Ereignisse, jedoch sollte sie nicht während und auch nicht unmittelbar vor einer solchen Streßphase, sondern spätestens 3 – 4 Wochen zuvor in Angriff genommen werden. In diesem Sinne sei auch anzuraten, unsere Kur nicht in den Tagen vor und während der Menstruation sowie in der dem Vollmond vorausgehenden Zeit erfolgen zu lassen. Jahreszeitlich gesehen bieten sich in besonderer Weise die Wochen vor Beginn des Frühlings (Februar/März), des Sommers (Juni) und des Winters (Oktober/November) an, im übrigen ist auch jeder andere Monat denkbar. Konkret stehen Dir mehrere Möglichkeiten offen, um zu den sieben Tagen zu kommen, die Du für unsere Kurzzeitaskese benötigst.

Möglichkeit 1: Optimal wäre es, wenn Dir sieben Tage zur Verfügung stünden, in denen Du frei von beruflichen oder privaten Verpflichtungen bist. Für Berufstätige würde sich 1 Urlaubswoche (= 5 arbeitsfreie Werktage) anbieten.

Möglichkeit 2: Die meisten Menschen werden mindestens einmal im Jahr aufgrund irgendeiner banalen Allerweltserkrankung für einige Tage arbeitsunfähig geschrieben. Meist steht hinter einer solchen körperlichen Störung nichts weiter als ein Zustand der Erschöpfung, Überforderung, Enttäuschung, Depression. Nutze die Gelegenheit, lasse Dich nicht mit irgendwelchen chemischen «Wundermitteln» abspeisen. Berichte Deinem Arzt nicht nur von dem äußeren Symptom: der Erkältung, den Kopfschmerzen, den Magen-Darm-Hautstörungen, sondern auch von Deinem Bedürfnis nach Ruhe und Regeneration. Du kannst ihm auch die Sieben-Tage-Askese vorstellen, aber Du solltest Dich nicht wundern, wenn das nicht gerade auf Begeisterung stößt. Würden alle sich auf diese Weise selbst helfen, ginge es wohl den Patienten besser, nicht aber den Ärzten, denn die wären bald arbeitslos.

Möglichkeit 3: Sollte es Dir in den kommenden Monaten nicht gelingen, Dich eine Woche lang ganz und gar unserer Sieben-Tage-Askese zu widmen, Du aber dennoch darauf brennst, zumindest einen Teil der wundersamen Wirkung unserer Kur baldmöglichst am eigenen Leib und der eigenen Seele zu erfahren, ohne dabei familiäre und/oder berufliche Pflichten zu vernachlässigen, so wähle die Zwei + Fünf + Zwei-Tage-Variante der Stufe 1: Du verbringst die *ersten beiden Tage* (Samstag und Sonntag) in der Weise, wie sie nachfolgend beschrieben ist (siehe 'Sieben-Tage-Askese'). Das Programm der *Tage 3 – 5* verteilst Du auf die Dir verbleibende Freizeit an den Arbeitstagen (Montag – Freitag), das Programm der *Tage 6 und 7* legst Du auf das anschließende Wochenende (Samstag und Sonntag).

Die Ernährung richtet sich weitgehend nach den Empfehlungen der Stufe 1, jedoch wirst Du zum Frühstück an Arbeitstagen zusätzlich zur Pflanzenkost eiweißintensive Nahrungsmittel wie Quark oder Butter und Käse zur Stärkung der Fitness und Konzentration zu Dir nehmen. Achte ferner darauf, Dich auch an den Arbeitstagen bei jeder sich bietenden Gelegenheit zurückzuziehen. Vermeide alles, was in dieser Woche nicht unbedingt erledigt werden muß. Suche keine Kaufhäuser auf, fahre so wenig wie möglich Auto, führe keine unnötigen Gespräche, esse mittags nicht mit den anderen in der Kantine, im Restaurant, am Schnellimbiß, bewege Dich statt dessen, wenn es sich ermöglichen läßt, ausgiebig an der frischen Luft und esse nur eine Kleinigkeit. Die positive Wirkung der Zwei + Fünf + Zwei-Tage-Variante entspricht in etwa 30 – 50 % der Wirkung einer Sieben-Tage-Askese der Stufe 1.

Wo ist der richtige Ort?

Sorge vor allem dafür, daß in den kommenden sieben Tagen ein Zimmer für Dich alleine zur Verfügung steht. Zur Not mag die Kur auch dann gelingen, wenn Du sie in Eurem gemeinsamen Schlafzimmer durchführst, aber wesentlich größere Wirkung erzielt, wer die sieben Tage – bzw. den größten Teil davon – wie ein Eremit, wie ein Mönch in seiner Zelle verbringt. Vielleicht gelingt es Dir sogar, die Dir Nahestehenden von den Vorteilen unserer Kur zu überzeugen und sie zum Mitmachen zu bewegen. Aber wundere Dich nicht, wenn diese eher eifersüchtig oder wütend reagieren. Nur selten finden sich die anderen im gleichen Gemütszustand wie man selbst. Wahrscheinlich werden sie spätestens zu dem Zeitpunkt neugierig werden, wenn sie in einigen Wochen das Resultat mit eigenen Augen staunend zur Kenntnis nehmen.

Fernseher, Computer, Radio, Uhren, Zeitschriften, Zeitungen, alles, was Dich ablenken könnte, solltest Du aus Deinem Zimmer entfernen, des weiteren nach Möglichkeit den Telefonstecker herauszuziehen bzw. den Anrufbeantworter einschalten und diesen sieben Tage unbeachtet lassen.

Der Einkaufstag (Donnerstag)

Die Einkäufe sollten möglichst nicht am letzten Tag vor Beginn der Kur erfolgen. Frische Lebensmittel wird Dir wahrscheinlich in den folgenden Tagen ein Dir Nahestehender besorgen können, oder Du weißt in der Nähe einen kleinen Laden, in welchem Du ohne Streß selbst an frisches Gemüse und Obst gelangst (Stufe 1).

Einkaufsliste, Stufe 1:

* Salate, Gemüse (auch Möhren, Gurken, Tomaten, Radieschen, Paprika – siehe Liste 'gesunde Ernährung')
* Obst (vorzugsweise frische Ware, im Zweifelsfalle ziehe man Äpfel und Birnen vor)
* Vollkornbrot, Naturreis (Kartoffeln), Samen und Körner (z. B. Sonnenblumenkerne, Kürbiskerne, Sesamsamen)
* Kräuter/Früchtetees (z. B. Kamille, Fenchel – weitere Teesorten nach persönlicher Vorliebe, kein Pfefferminz oder nur in geringen Mengen)
* Apfelsaft/Orangensaft, 100 %iger naturrein in Maßen, Gemüsesaft (unerhitzt, 100%iger) in Maßen
* Quell-/Mineralwasser, natriumarm (nitratarm), 10 – 14 Liter.

Einkaufsliste, Zwei + Fünf + Zwei-Tage-Variante:
Zusätzlich zu Stufe 1:

* Magerquark
* Honig
* Butter
* Käse
* Vollkornhaferflocken
* Getreideflocken mit Keim.

Einkaufsliste, Stufe 2:

* Quell- oder Mineralwasser, natriumarm (nitratarm), zirka 14 – 21 Liter,
* Sauerkrautsaft, zirka 3 x 0,125 Liter.

Weitere zu empfehlende Besorgungen:
* eine Decke
* Meditationsmusik, Duftöle (falls erwünscht)
* Malutensilien
* ein Holzstück (Häkelgarn, Wolle zum Stricken, Häkelnadel, Stricknadeln - *nach Neigung* s. S. 37)
* Ton (braunrot, zirka 1 Kilo oder mehr)
* ein kleines blaues Heft (DIN A 5 oder A 6, letzteres eignet sich gut für die Hosentasche)
* Bücher (nach Vorliebe)
* Kunstband (Malerei), Gedichtband, Bibel (ggf. aus der Bücherei).

Der Einstimmungstag (Freitag)

Um Körper, Geist und Seele die bevorstehende Umstellung zu erleichtern, ist es angebracht, am letzten Tag vor Beginn der Sieben-Tage-Askese bereits ein wenig kürzer zu treten. Du frühstückst wie gewohnt und gehst anschließend Deinen üblichen Tätigkeiten nach. Am Mittag achtest Du darauf, kein schwerverdauliches Essen, kein Fast Food, keine Kantinenkost, kein Fleisch mehr zu Dir zu nehmen. Am Nachmittag erledigst Du nur das Allernotwendigste. Informiere, wenn dies noch nicht geschehen, Nahestehende bzw. Familienangehörige über Deine Absicht. Bitte sie, Dich sieben Tage lang völlig in Ruhe zu lassen, nur im äußersten Falle mit Dir das Gespräch zu suchen, nichts zu kommentieren, Dich nicht in Versuchung zu führen (z. B. bezüglich Essen, Genußmittel, Fernsehen). Bitte sie, Dich zu bestärken, wenn Du schwach zu werden drohst. Vermeide es nach Möglichkeit, mit den anderen an einem Tisch zu sitzen (bei Stufe 1 zumindest die ersten drei Tage, bei Stufe 2 für die Dauer von sechs Tagen). Bitte sie desgleichen, Dich nicht zu behelligen, wenn die Türglocke oder das Telephon läuten, auch mögen Sie Deine Post geschlossen lassen und aufbewahren.

Im übrigen gehe heute Deinem Hobby nach und suche die Natur auf, schwimme, tanze (zu Hause), laufe, fahre Rad, höre Musik, lese ein Buch, aber vermeide nach Möglichkeit die Menschen. Am Abend nimm nur noch eine leichte Mahlzeit zu Dir und verzichte, so Du kannst, auf Alkohol und Nikotin. Am besten schaust Du heute überhaupt kein Fernsehen. Du mußt es Dir ohnehin für eine gewisse Zeit abgewöhnen. Falls doch, so belasse es bei einer Sendung, ohne dabei Chips, Schokolade und dergleichen zu Dir zu nehmen.

Sex sei der Himmel auf Erden, meinen die einen, Sex sei die Hölle, sagen die anderen. Wer hat recht? Beide. Aber da Sexualität im positiven wie im Negativen mit Streß einhergeht, sei für den heutigen Abend sowie für die Tage der Askese davon abzuraten. So gehe frühzeitig zu Bett, möglichst nach einem abendlichen Spaziergang. Im Anschluß an die Zeit der selbstgewählten Reizlosigkeit wirst Du ganz von selbst aktiver und begehrenswerter.

Der erste Tag (Samstag) ❀ Der Tag des Waldes

Die Zeit

Der erste Tag muß nicht zwangsläufig ein Samstag sein, jedoch für die große Mehrzahl der Teilnehmer/innen an unserem Programm dürfte sich die Spanne zwischen zwei Wochenenden als besonders effektiv erweisen.

Was die zeitliche Einteilung der kommenden Tage angeht, so wollen wir es auf jeden Fall vermeiden, uns einem Zwang zu unterwerfen und ständig auf die Uhr zu schauen (wann muß ich meinen Salat essen, wann muß ich mich entspannen, wann muß ich spazierengehen?); das würde dem Sinn und Zweck unserer Kur völlig zuwiderlaufen, schließlich geht es uns um das genaue Gegenteil. Wir wollen uns von allen zeitlichen und sonstigen Zwängen, die uns im Alltag Fesseln anlegen, befreien. Wir wollen in Zeit baden. Wir mögen alles mögliche tun und vor allem nicht tun, aber wir werden uns nicht hetzen und uns nicht hetzen lassen.

Beginne den Tag in dem sicheren Gefühl, alle Zeit der Welt zu haben. Lege Deine Uhr in eine Schublade und belasse sie dort. Schalte Radiowecker und andere Zeitgeber aus bzw. verbanne sie aus Deinem Zimmer. Solltest Du eine Wohnung für Dich alleine haben, so verfahre ebenso mit den Uhren der übrigen Räume. Richte Dich in diesen Tagen nach Deiner inneren Uhr, nach dem Stand der Sonne, dem Hell und Dunkel der Natur. Stehe auf, wenn Du die Zeit dafür gekommen siehst, und gehe zu Bett, wenn Du müde bist und es zu dunkeln beginnt.

✯ Aufstehen

Verbleibe am ersten Tag so lange im Bett, wie es Dir gut tut, und wie Du es brauchst. Dein Bedürfnis, heute möglicherweise länger als sonst zu schlafen, dürfte in Zusammenhang stehen mit dem Gemüts- und Gesundheitszustand der vorangegangenen Wochen. Bist Du jedoch am Morgen einmal erwacht, so vermeide es, stets von neuem auf die nächste Einschlafphase zu warten und das Aufstehen bewußt hinauszuzögern. Gib – nach dem ersten Aufwachen – Deiner Bequemlichkeit maximal einmal nach, wenn Du den Wunsch hast, erneut den Schlaf zu suchen, denn ein ständiges Aufwachen und Wiedereinschlafen im Anschluß an die Nachtruhe wird im allgemeinen von wiederholten Unterbrechungen der sehr sinnvollen Traumschlafphasen begleitet und steht so dem seelischen Wohlbefinden im Wege.

Sei es, daß Du am ersten Tag bereits um 7 Uhr, oder, was eher wahrscheinlich ist, gegen 8 oder 9 Uhr oder gar erst gegen 11 Uhr das Bett verläßt; beginne den Tag in dem guten Gefühl, frei von allen Verpflichtungen und Zwängen zu sein. Recke Dich und strecke Dich, richte Dich behutsam auf, trete ans geöffnete Fenster (auf den Balkon, in den Garten), nach Möglichkeit wenig oder gar nicht bekleidet, und führe so einige Gymnastikübungen durch, die Dir vermutlich noch vom Sportunterricht oder von VHS-Kursen her in Erinnerung geblieben sind:

✯ Die Drei-Minuten-Gymnastik

1. Strecke die Arme in die Höhe, atme einmal tief ein, beuge nun die Arme in Richtung Füße so weit es geht, dabei die Knie durchgestreckt lassen und durch den Mund dreimal stoßweise eine große Menge der Atemluft hinauslassen – das 10mal.
2. Strecke nunmehr die Arme nach vorne und beuge die Knie. Beim Aufrichten atme tief ein, beim Beugen lasse die Luft mit Nachdruck ausströmen – auch das 10mal.
3. Stehe wieder aufrecht, strecke beide Arme in die Höhe, atme tief ein, sodann beuge Deinen Oberkörper leicht dreimal zur rechten Seite, dabei jeweils stoßweise ausatmen, die Arme bleiben in ausgestreckter Position. Du kehrst in die Ausgangsstellung zurück, atmest erneut tief ein und beugst den Oberkörper

dreimal zur linken Seite, dabei wiederum stoßweise die Atemluft hinauslassen. Im Anschluß daran den gleichen Vorgang in die rückwärtige Richtung – das etwa 10mal.

4. Stehe gerade, lasse die Arme locker zur Seite baumeln, drehe den Kopf leicht und behutsam einige Male im Kreise, neige ihn sodann zur rechten Seite, bis er das Kinn streift und auf der gegenüberliegenden Seite wieder nach oben gelangt, das gleiche nach links – das einige Male.

5. Stehe aufrecht, führe die Hände an die Hüfte und bewege den Oberkörper einige Male leicht kreisend in alle Richtungen, zuerst von links nach rechts, im Anschluß daran von rechts nach links – das einige Male.

Die Intensität und Geschwindigkeit der Übungen hängen davon ab, inwieweit Du diese und ähnliche bereits in Deinen Alltag hast einfließen lassen. Wer regelmäßig Sport und Gymnastik treibt, der kann die Übungen forcieren und so lange fortsetzen, wie es ihm beliebt. Wer solche Übungen nicht gewohnt ist, der tue in den ersten Tagen lieber des Guten zuwenig, als des Guten zuviel, denn andernfalls sind Muskelkater, Zerrungen, Schmerzen möglich. Was immer Du auch in diesen sieben Tagen tust, Du tust es frei von Ehrgeiz und Eile.

✭ Die kalte Dusche

Nach der Gymnastik begibst Du Dich unter die Dusche: erst warm, dann kalt, mit dem Strahl der Dusche langsam kreisend von den Füßen her beginnen. Am Ende des Vorgangs sollte der volle harte und kalte Strahl Brust, Rücken, Unterleib und Glieder treffen. Reibe Deinen Körper mit dem Handtuch feste trocken. Solltest Du Dir täglich Deine Haare waschen, so beende auch diesen Vorgang mit kaltem Wasser, reibe im Anschluß daran die Haare mit Handtüchern trocken und lasse den Föhn da, wo er ist.

✭ Die Kleidung

Kleide Dich so, wie es Dir behagt, wobei Du heute und in den kommenden Tagen nicht einen einzigen Gedanken daran verschwenden wirst, wie Du auf andere wirken magst. In diesen Tagen denkst Du einmal nur an Dich. Du läßt Dich gehen. Ziehe an, was bequem ist und worin Du Dich wohlfühlst. Naheliegend wäre ein Trainings-/Joggingsanzug, möglichst aus Baumwolle, auf jeden Fall aus atmungsaktivem Material. Wer sich in anderen Kleidungsstücken aus Baumwolle (Seide, Leinen, Wolle) eher zu Hause fühlt, der achte darauf, daß sie den Körper an keiner Stelle einengen. Je nach Jahreszeit, Gewohnheit und persönlichem Empfinden wäre der Versuch lohnenswert, den ganzen Tag hindurch die Füße unbekleidet zu lassen.

✯ Das Frühstück

Heute fällt das Frühstück für Stufe 1 sowie für Stufe 2 aus. Es gibt lediglich Wasser (Quell-/Mineralwasser), das reichlich und über den ganzen Tag verteilt. Bei Stufe 2 beginnen wir jedoch mit etwa 0,125 Liter Sauerkrautsaft – zur Beschleunigung der Darmreinigung.

Genuß- und Rauschmittel

Wer es in den vorangegangenen Monaten gewohnt war, Genuß- und Suchtmittel regelmäßig zu konsumieren, der wird heute und in den kommenden Tagen sicherlich gravierendere Umstellungsprobleme zu verkraften haben, als der, der schon längere Zeit auf eine gesunde Lebensweise achtet.
Es lohnt der Versuch, ins kalte Wasser zu springen und von heute auf morgen den Konsum sämtlicher Genuß- und Suchtmittel auf Null herunterzufahren. Je heftiger die Entzugserscheinungen, um so dringender die Notwendigkeit des sofortigen Handelns. Jedes Aufschieben wird mögliche spätere Entzugsprobleme potenzieren.
Wer nicht die Höchststufe unseres Programms anstrebt und sich zur Zeit noch nicht zutraut, den Suchtmitteln sieben Tage lang zu entsagen, der möge diese auf jeden Fall mengenmäßig und zeitlich eng begrenzen: z. B. eine Zigarette am Morgen, eine in der Mittagszeit, eine am späten Nachmittag, und das unter keinen Umständen im eigenen Zimmer, sondern entweder in einem anderen Raum oder, besser noch, im Freien.
Kaffee sollte man max. 1–3 Tassen täglich zu sich nehmen, die letzte Tasse nicht nach 15 Uhr. Beruhigungs- und Schlafmittel, auch pflanzlicher Herkunft, sind gänzlich zu meiden. Bei bestehender Gewöhnung an Psychopharmaka berate man sich zuvor mit dem Arzt, der Ärztin und finde gemeinsam den besten Weg zu einem baldigen Ausstieg.

Am ersten Tag der Askese auf Zeit gilt es vor allem, die Alltagssorgen abzuschütteln, den Fluß der ewig wiederkehrenden Gedanken zu unterbrechen, das Gehirn leer zu machen. Dazu gibt es verschiedene Wege. Der beste wäre folgender: Du begibst Dich im Anschluß an das Frühstück in den Wald, denn Natur, Stille, frische Luft, das Gefühl von Freiheit und Geborgenheit zugleich vermagst Du so nirgendwo sonst an ein und demselben Ort vorzufinden. Glücklich, wer in der Nähe seines Ortes einen Wald weiß, den er zu Fuß erreichen kann, denn wir wollen in diesen Tagen nicht auf das Auto angewiesen sein. Abgesehen davon, daß Autofahren ohnehin einer gesunden und streßfreien Lebensführung entgegensteht, kann extremer Nahrungsentzug die Reaktionsfähigkeit beeinträchtigen, so daß Autofahren (bei Stufe 2) in den kommenden Tagen zu riskant wäre. Wer den Wald nicht zu Fuß erreichen kann, der nehme das Rad, den Zug, den Bus.

Sobald Du den Wald betrittst, solltest Du augenblicklich jegliche Zeit vergessen, eine Uhr hast Du ohnehin nicht dabei. Du gehst, solange es Dir guttut. Das Minimum sollte etwa 2 Stunden betragen, nach oben hin sind keine Grenzen gesetzt. Eigentlich brauchst Du nichts in den Wald mitzunehmen, allenfalls bei Bedarf 1 – 2 Flaschen Wasser.

Die Dauer Deiner Waldwanderung hängt u. a. ab vom Wetter sowie Deiner persönlichen Konstitution. Bist Du körperliche, sportliche Betätigung gewohnt, so lasse Dir Zeit und kehre erst am Nachmittag oder gar erst am Abend nach Hause zurück. Wer selten wandert, möge nach etwa 2 Stunden zurückkehren oder aber mehrere Ruhepausen einlegen und diese zu einer Meditation nutzen.

✯ Die Wald-Meditation

Du setzt Dich auf einen Baumstamm oder legst Dich auf den Waldboden, abseits der Wege, und läßt die Welt stille stehen. Keine Termine, keine Verpflichtungen, niemand will etwas von Dir. Du bist frei wie ein Vogel. Du denkst nicht nach über gestern, nicht über morgen, nicht über heute. Du sitzt nur da auf diesem Baumstamm und tust nichts. Deine Augen, Deine Ohren, Deine Nase, Deine Haut, Deine Hände nehmen ganz von allein Kontakt mit ihrer Umgebung auf. Du atmest die gesunde Waldluft, Du hörst das leise Knacken der Äste, das Rauschen des Windes. Du schaust den Ameisen, den Käfern und Mücken zu. Du bist ein Teil der Natur.

Irgendwann richtet sich Dein Blick in die Höhe, zu den Gipfeln der Bäume, den vorüberziehenden Wolken, dem Horizont. Die Zeit steht still. Du weißt nicht mehr, ob Du 10 Minuten so dasitzt oder eine Stunde. Du willst es auch gar nicht wissen. Mittlerweile haben sich Deine Augen geschlossen. Du spürst Deinen Atem, aber Du beeinflußt ihn nicht. Du läßt es in Dir atmen, so wird Dein Atmen ganz von selbst von Mal zu Mal ruhiger.

Du bist alleine, aber Du fühlst Dich nicht alleine. Die Geräusche des Waldes beunruhigen Dich nicht. Du läßt die Augen geschlossen. Du hast ein grenzenloses Vertrauen in die Natur und in Dich. Irgendwann öffnen sich Deine Augen, Du reckst und streckst Dich, richtest Dich langsam auf, vollführst einige gymnastische Übungen, dabei tief ein- und ausatmend. Wenn Dir danach ist, so läufst Du nun eine Strecke von einigen hundert Metern.

Hin und wieder wirfst Du einen Blick auf herumliegende Äste und Wurzelstücke. Solltest Du ein Stück Holz entdecken, das eine ungewöhnliche Form hat und Dich anspricht, so nimm es mit. Zu Hause wirst Du ein Tier, ein Menschengesicht, einen Kerzenständer oder einfach nur eine eigenwillige Form daraus entstehen lassen.

✯ Alternative: der erste Tag zu Hause

Möglich, daß das Wetter (strömender Regen), die Lage Deiner Wohnung (Stadtmitte) oder andere widrige Umstände eine längere Waldwanderung heute als wenig sinnvoll erscheinen lassen. Nicht anzuraten wäre es im übrigen, für einen Waldspaziergang von, sagen wir, 2 Stunden, eine Anfahrt von 30 Minuten und mehr in Kauf zu nehmen, denn Reizüberflutungen, Menschenansammlungen, dem Lärm der Stadt solltest Du nach Möglichkeit aus dem Wege gehen. Auch zu Hause kann man einiges tun, um sich zu entspannen und wohlzufühlen.

Nachfolgend einige sehr einfache Entspannungspositionen, zu deren Erlernung keinerlei Vorkenntnisse notwendig sind, die wir heute, in den kommenden Tagen als auch in der Zeit danach immer wieder dann einsetzen mögen, wenn Unruhe, quälende Gedanken, Streß, Hungergefühle, der Drang nach Genuß- und Suchtmitteln uns heimsuchen. Heute und morgen wollen wir vier dieser Stellungen am eigenen Leib erfahren und für die Dauer von etwa jeweils 5–10 Minuten einüben. In den darauffolgenden Tagen wird sich ganz von selbst die eine oder die andere Lieblingsposition herauskristallisieren, die wir dann bis zu jeweils 20 Minuten ausdehnen werden.

Liegen 1

Breite eine Decke auf dem Boden aus, lege Dich darauf, die Beine locker und ein wenig seitlich des Rumpfes plaziert, die Fersen nach innen, die Zehen nach außen gerichtet, die Arme locker zur Seite, die Hände nach oben hin geöffnet, den Kopf gerade, das Kinn leicht zur Brust geneigt. So liegst Du da und achtest darauf, daß Dich nichts bedrückt, beengt, ablenkt – kein Körperteil, kein zu enges Kleidungsstück, kein Geräusch. Die Augen sind geschlossen, der Atem fließt. Wir beobachten ihn, aber wir manipulieren ihn nicht. Irgendwann öffnest Du die Augen, streckst und reckst Dich, atmest tief einige Male ein und aus und erhebst Dich langsam und behutsam.

Liegen 2

Breite auf dem Boden eine Decke aus, postiere an das Ende der Decke einen gepolsterten Stuhl. Lege Dich auf die Decke, die Hände locker auf dem Bauch, die Arme leicht angewinkelt, der Kopf gerade, die Unterschenkel auf dem Stuhl. Du schließt die Augen, beobachtest Deinen Atem. Nach 5–10 Minuten öffnest Du die Augen, reckst und streckst Dich, atmest tief einige Male ein und aus und richtest Dich behutsam auf.

Das Nichtstun

Nun eine Übung, die die Krönung aller unserer Übungen darstellt: das Nichtstun. Es bleibt Dir überlassen, in welcher Art und welcher Körperhaltung Du dieses Nichtstun ausübst. Im Laufe der Tage wirst Du Deinen eigenen Weg finden. Es ist gleich, ob Du Dich dabei eine Zeitlang auf dem Bett, dem Stuhl, dem Boden niederläßt, ob Du im Zimmer (im menschenleeren Haus) hin- und hergehst, ob Du Dich ans Fenster setzt und gedankenverloren den vorüberziehenden Wolken nachschaust, ob Deine Augen sich an einem Bild, dem schimmernden Glanz einer Glaskugel festhalten. Was immer Du tust, es ist gut, wenn es hilft, die Zeit auszuschalten.

Es ist ganz natürlich, wenn Dir bei diesen Bemühungen heute und in den ersten Tagen unseres Programms immer wieder die Gedanken ins Konzept pfuschen wollen. Du liegst eine Weile da, hast das Gefühl, friedlich und ruhig zu werden, und auf einmal tauchen sie auf, die Dämonen, die man verscheuchen wollte, die Sorgen, die Ängste, die Erinnerungen an unerfüllte Verpflichtungen. Vielleicht packt Dich der große Frust, und Du sagst Dir: Ich schaffe das nie, mich völlig zu entspannen, alles um mich herum loszulassen.

Geduld. Du schaffst es. Vielleicht heute noch nicht, vielleicht auch noch nicht morgen, aber allerspätestens nach dem vierten Tag. Die Zeit arbeitet für Dich. Die Zeit, die Du geschehen läßt, ohne etwas Zweckgebundenes zu tun. Jede Stunde, die Du aushältst und durchhältst, wird Dich ein Stück voranbringen, auf dem Weg zum Ziel.

Mittagsruhe

Wenn es Dir heute nicht möglich war, einen längeren Gang in den Wald zu absolvieren, so begebe Dich nach Möglichkeit für eine Weile an die frische Luft: ein kleiner Spaziergang, eine kleine Fahrradtour. Stadtmenschen mögen einen Park aufsuchen, der wenig bevölkert ist, auch sollte die Wahrscheinlichkeit, dort Bekannte anzutreffen, möglichst gering sein. Begegnest Du trotzdem jemandem, den Du gut kennst, so belasse es bei einem freundlichen 'Hallo' und setze unbekümmert Deinen Weg fort.

Falls ein Spaziergang heute nicht angebracht erscheint, so ziehe Dich in Dein Zimmer zurück. Dies solltest Du auch tun, wenn der vorausgegangene Spaziergang nur von kurzer Dauer war. Lege Dich maximal 2 Stunden aufs Ohr, oder lasse Dich bei gutem Wetter auf einem Liegestuhl auf dem Balkon, der Terrasse, im Garten nieder. Im übrigen trinke so oft wie möglich Wasser.

✯ Die Drei-Minuten-Gymnastik

findet im Anschluß an die Mittagsruhe statt (siehe morgens).

✯ Künstlerisches Werken mit Holz

Es ist dies der erste Tag, der Tag, an dem Seele und Leib die größten Umstellungen durchleben. Der Streß, die innere Unruhe, die Anspannung, das alles kann sich nicht in einem halben Tag in Luft auflösen. Immer wieder suchen sie Dich auf: die quälenden Gedanken. Unterdrücke sie nicht, lasse sie hochsteigen. Aber Du mußt Dich auch nicht den ganzen Tag hindurch mit ihnen auseinandersetzen. Je mehr Du etwas mit dem Körper tust, je mehr Du all Deine Sinne auf das lenkst, was nichts mit Kopf, Geist und Verstand zu tun hat, um so eher wird Dein strapaziertes Gehirn leer werden und Dich von der Last der immer wiederkehrenden Gedanken befreien.

Bei diesem Prozeß wird Dir das künstlerische Tun eine große Hilfe sein. Wobei, was immer Du auch angehen wirst in diesen Tagen, Du auf gar keinen Fall irgendwelchen Ehrgeiz entwickeln mußt. Es spielt überhaupt keine Rolle, was am Ende herauskommt. Wichtig ist der Weg, nicht das Ziel. Wichtig ist der Augenblick, das zeitlose Tun. Vielleicht bleibt am Ende ein Produkt, das Du gerne aufstellst oder aufhängst, als Erinnerung an diese Tage. Aber das muß nicht sein. Niemand beobachtet Dich. Niemand will etwas von Dir.

Wir werden heute und in den kommenden Tagen einige Beispiele künstlerisches Tuns vorstellen. Du magst alles einmal ausprobieren, und die Wahrscheinlichkeit ist groß, daß Du das eine oder andere später wieder einmal aufgreifen wirst – vielleicht am Feierabend, am Wochenende, im Urlaub, denn künstlerisches Schaffen ist allemal besser für die Gesundheit, für den Kampf gegen Sucht und Streß als die Hauptfreizeitbeschäftigung der zivilisierten Wohlstandsbürger: das Fernsehen. Aber Du wirst Dir keinen Zwang antun. Tu es nur, solange Du Dich wohl dabei fühlst.

✯ Bearbeitung eines Holzstückes

Heute wollen wir mit der Bearbeitung eines Holzstückes beginnen. Holz ist der Naturrohstoff Nr. 1, dem wir täglich begegnen und den wir täglich nutzen. Holz schafft die Verbindung zwischen uns Menschen und unseren natürlichen Wurzeln.

Wenn Du heute den Wald aufgesucht hast, so wirst Du vermutlich eine Wurzel, ein Stück Ast mitgebracht haben. Wenn nicht, findest Du ein solches

Exemplar sicherlich im Garten, im Park. Ansonsten besorge Dir ein weiches Schnitzholz vom Schreiner oder bitte einen Dir Nahestehenden darum.

Wir wollen uns zeitlos, nach Möglichkeit stundenlang, mit diesem einen Stück Holz beschäftigen, wobei es unerheblich ist, was daraus entsteht. Sei es ein Tier, eine Schlange, ein Krokodil, ein Kerzenständer, ein menschliches Gesicht oder einfach nur eine Form, die Du ganz alleine geschaffen hast, die es so nur einmal gibt. Vielleicht kennst Du ein Kind, das Du mit einem Holzspielzeug z. B. einem Bötchen, erfreuen kannst. In den meisten Fällen dürfte ein scharfes Messer (Taschenmesser, Küchenmesser) als Werkzeug genügen. Wer Spaß an der Bearbeitung von Holz findet und es nicht bei einem Mal belassen möchte, der schaffe sich eine Schnitzmessergarnitur sowie einen Schraubstock an.

✯ Alternative: Stricken/Häkeln

Wer nicht gerne mit Holz und Messer umgeht, für den stellt möglicherweise das Stricken/Häkeln eine willkommene Alternative dar. Du könntest heute einen Schal oder ähnliches anfangen und dieses im Laufe der sieben Tage zu Ende führen. Auch solches Tun darf auf keinen Fall in Arbeit oder Streß ausarten, d. h., wer wenig Vorkenntnisse besitzt, der wähle eine Textilie, deren Bearbeitung einem einfachen Grundmuster folgt.

Sowohl bei der einen als auch bei der anderen handwerklichen Tätigkeit läßt Du Dich weder durch Fernsehen, noch durch Radio oder Gespräche ablenken. Dagegen ist das häufige Trinken von Wasser dringend zu empfehlen. Im übrigen können Meditationsmusik und/oder das Anzünden einer Duftlampe den kreativen und entspannenden Prozeß fördern.

Der Abend

Die Abendmahlzeit entfällt heute für Stufe 1 und Stufe 2. Außer Wasser gibt es nichts.

✯ Abendstille

Nun läßt Du den Tag gemächlich ausklingen. Während die restliche Welt vor dem Fernseher zuschaut, wie andere das tun, was sie sich selbst nicht mehr zu tun getrauen, wirst Du entweder einen Abendspaziergang unternehmen oder Dich in Dein Zimmer zurückziehen. Dort wirst Du Dich sitzend, hockend, kniend, stehend oder liegend (jedoch nicht im Bett) dem Nichtstun hingeben (Stufe 2). Oder Du führst das künstlerische Tun des Nachmittags fort (Stufe 1). Solltest Du ein Musikinstrument beherrschen, so wäre nun eine gute Gelegenheit zu musizieren (Stufe 1). Vielleicht möchtest Du heute einmal zu einem Buch greifen (Stufe 1). Das Buch darf von allem möglichen handeln, nur nicht von Arbeit, Bildung, Pflicht. Ein Gedichtband, Kurzgeschichten, Erzählungen, Romane, die Bibel sind ebenso zu empfehlen, wie Sachbücher zum Thema Krankheit, Sucht, Streß, Entspannung, alternative Heilmethoden etc. Jedoch lege Dein Buch sogleich zur Seite, wenn es anstrengt oder Du Dich unwohl fühlst.

Die Nachtruhe

Heute gehst Du rechtzeitig zu Bett, mindestens eine Stunde früher als Du es gewohnt bist, spätestens um 22 Uhr, was nicht bedeutet, daß Du auf die Uhr schaust. Du wirst es im Gefühl haben, wann es Zeit ist, das Bett aufzusuchen. Erwarte nicht, daß Du sogleich wohlig und tief entspannt einschlummerst. Vermutlich wird Dein Schlaf heute nacht und in den ersten Nächten der Sieben-Tage-Askese von Unruhe und Störungen begleitet sein. Nimm es gelassen hin. Das gehört dazu. Die gewaltigen Umstellungen in Leib und Seele fordern ihren Preis. Laß es zu.

Zähle nicht die Minuten, die Du wachliegst, kämpfe nicht dagegen an. Dämpfe nicht mit irgendwelchen Mittelchen die sinnvolle Unruhe in Dir. Irgendwann wirst Du schlafen und einen großen Sieg errungen haben. Du hast den ersten und schwersten Tag unserer Kurzzeitaskese bewältigt, ohne aufzugeben. Du hast geschafft, was Millionen von Bürgern unserer Zivilisation nicht mehr gelingt: sich einen Tag lang von nahezu allen Gewohnheiten wie gutes Essen, Genuß- und Rauschmittel, Arbeit, Gespräche, Termine, Fernsehen und dergleichen zu lösen. Du kannst stolz auf Dich sein.

Der Morgen

Ganz gleich, wie die Nacht verlaufen ist, nun bricht der Tag an, die Natur erwacht zu neuem Leben, es wird allmählich hell in Deinem Zimmer. Du alleine entscheidest, wann es angebracht ist, aufzustehen. Da Du gestern keine feste Nahrung zu Dir genommen hast, wurde bereits in der vorausgegangenen Nacht ein intensiver Entwässerungsprozeß in Gang gesetzt, der zu niedrigem Blutdruck führen könnte. So solltest Du heute und an den kommenden Tagen beim Aufrichten nach dem Erwachen behutsam vorgehen, um Schwindelgefühlen vorzubeugen. Recke Dich und strecke Dich, atme einige Male tief ein und aus und erhebe Dich langsam. Entledige Dich Deiner Kleidung, öffne das Fenster:

✯ Beginne den Tag mit der **Drei-Minuten-Gymnastik.**

✯ Anschließend gehe unter die **Dusche**: erst warm, dann kalt.

✯ **Frühstück**

Stufe 1
1–2 Scheiben Vollkornbrot, dazu rohes Gemüse (z. B. Möhren, Tomaten, Gurke, Paprika, Radieschen ...).

Alternative 1: Gekeimtes Getreide und frisches Obst (z. B. Äpfel).

Alternative 2: Frischkornmüsli (frisch geschrotetes und eingeweichtes Getreide) und frisches Obst.

Getränk: Wasser (Quell-/Mineralwasser) oder Kräuter-/Früchtetees (es ist relativ unerheblich, welche Tees Du in diesen Tagen zu Dir nimmst. Die meisten der anerkannten Heilkräutertees haben nicht nur Vorzüge, sondern auch, in Mengen getrunken, ihre Nebenwirkungen. Am besten ist es, abzuwechseln.

Pfefferminztee sollte allerdings gemieden oder nur in geringen Mengen konsumiert werden. Gesunde Teesorten, die auch ohne Zucker schmackhaft sind: Anis/Fenchel-Mischung, Lindenblüten, Kamille. Bei häufigem Konsum von Kräuter- und Früchtetees diese nur kurze Zeit ziehen lassen. Versuche nach Möglichkeit, in den kommenden Tagen und auch in der Zeit danach Tees weder mit Zucker noch mit Süßstoff zu süßen. Das fällt nur am Anfang schwer. Wenn Du Dich damit überhaupt nicht anfreunden kannst und Dir sicher bist, das Süßen von Tees auch nach den Tagen fortzuführen, so nehme während der Zeit der Askese statt Zucker Süßstoff).

Zwei- + Fünf- + Zwei-Tage-Variante
(Sonderformel der Stufe 1 – siehe S. 19)
100 – 150 g Magerquark plus 2 Eßlöffel Vollkornhaferflocken plus Obst (statt Haferflocken auch gekeimtes Getreide oder Frischkornmüsli).

Alternative: 1: 2 Scheiben Vollkornbrot mit sparsam aufgetragener Butter und/oder 1 – 2 dünnen Käsescheiben, dazu Rohkost.

Getränk: Wasser oder Kräuter-/Früchtetees.

Stufe 2
Wasser (Quell-/Mineralwasser)

Der Tag am See (2 – 7 Std.)

Am zweiten Tag Deiner Sieben-Tage-Askese begib Dich auf den Weg zu einem Gewässer, das sich anbietet zur Entspannung, Meditation, vielleicht auch zum Baden. Wasser ist die Urmutter alles Lebendigen. Pflanzen, Tiere wie auch die menschlichen Wesen haben ihren Ursprung im Meer. Der Menschenembryo lebt eine Zeitlang im Wasser des Mutterbauches und weist vorübergehend Reste von Kiemenspalten auf, auch ist er im Frühstadium dem Aussehen nach nicht von einem Fischembryo zu unterscheiden. Im Französischen sind Mutter (mère) und Meer (mer) nahezu identisch. Immer wieder zieht es uns ans große Wasser, und so ist auch das Urlaubsziel Nr. 1 weltweit das Meer.
Auf Deinem Wege achtest Du darauf, Autofahrten und andere Reizüberflutungen zu meiden. Zu Fuß, per Rad oder Bahn gelangst Du an einen See, der

nicht von Menschen überlaufen ist. Du wanderst um ihn herum und machst Dich mit ihm vertraut. Du suchst Dir ein stilles Plätzchen und läßt Dich dort nieder.

✯ Die Wasser-Meditation

Deine Blicke ruhen auf der Erde, den Pflanzen und Kleintieren um Dich herum. Du hörst die Geräusche der Natur, das Quaken der Frösche, die Laute der Wasservögel. Du atmest die frische Luft langsam und tief ein und kräftig stoßend wieder aus. Irgendwann richten sich Deine Augen auf die Wasseroberfläche des Sees und verweilen dort. Du nimmst die leichten Bewegungen wahr, die der Wind und die Strömung hervorrufen. Die Gedanken stehen still. Die Zeit steht still. Du schaust nur immerzu auf das Wasser. Du weißt nicht, wie lange Du so dasitzt. Deine Augen schließen sich ganz von selbst. Du bist ein Teil der Natur. Du atmest Natur. Du fühlst Natur. Du sitzt da, völlig entspannt und losgelöst. Deine Augen öffnen sich, Du reckst und streckst Dich, atmest einige Male tief ein und aus und richtest Dich langsam auf.

Wenn Jahreszeit und Wetter es zulassen, so nimmst Du nun ein Bad. Jedoch solltest Du Dich heute nicht überanstrengen und weniger weit hinausschwimmen als gewohnt. Auch im Herbst oder Frühjahr ist es möglich, kurz in ein kaltes Gewässer einzutauchen, ein paar Schwimmbewegungen zu vollziehen, um anschließend mit Hilfe einiger gymnastischer Übungen oder eines schnellen Sprints wieder warm zu werden. Mit den Füßen kannst Du zu jeder Jahreszeit ins Wasser gehen. Solltest Du die Möglichkeit haben, Dir ein Boot zu besorgen, so rudere in die Mitte des Sees, lasse Dich dort treiben, schließe die Augen, vergiß die Zeit.

Auch am Fluß magst Du spazierengehen, Dich niederlassen, meditieren, Boot fahren, stundenlang einem Angler zuschauen und dabei die Zeit ausschalten. Wer die Wahl hat zwischen Fluß und Bach, der ziehe den Bach vor, denn dieser ist meist ruhiger in Wald, Feld oder Wiese gelegen und fordert zudem durch sich selbst zu mehr Aktivitäten heraus. Selbst im Winter ist es möglich, seine nackten Füße im Wasser des Baches baumeln zu lassen, dem besänftigenden Murmeln der Strömung zu lauschen und dabei zu meditieren. Wer sich etwas besonders Gutes antun möchte, der laufe barfuß im kalten Wasser stromaufwärts.

✯ Alternative: Tag des Wassers zu Hause

Sollte es Dir nicht möglich sein, heute ein natürliches Gewässer aufzusuchen, weil es beispielsweise regnet, so mache Dir diese Gelegenheit zunutze, entkleide Dich und laufe in Badesachen oder völlig nackt auf den Balkon, die Terrasse, den Hof, den Garten, und lasse Dich von den Naturgewalten des Himmels verwöhnen. Spätestens danach wirst Du Dich so wohl fühlen, wie selten zuvor. Regnet es nur leicht oder gar nicht, so kannst Du diesen heilsamen Effekt auch nachahmen, indem Du Dich von einem Helfer mit einem Wasserschlauch von oben bis unten naßspritzen läßt, zuerst mit einem sanften, dann mit einem harten Strahl. Es wird Dir vermutlich dermaßen gut gefallen, daß Du in Zukunft noch oft darauf zurückgreifen wirst. Das Betrachten des Regens (oder Schnees) durch das Fenster bietet sich zudem ausgezeichnet zur Meditation an. Sollte es Dir aus irgendwelchen Gründen heute weder möglich sein, ein Gewässer aufzusuchen noch vom Regen oder einem Wasserschlauch begossen zu werden, so feiere den Tag des Wassers, indem Du jede Stunde einmal unter die kalte Dusche gehst.

Wer heute zu Hause geblieben oder frühzeitig von seinem Ausflug zurückgekehrt ist, der übe sich in der hohen Kunst des Nichtstuns (Stufe 2), betätige sich künstlerisch oder lese ein Buch (Stufe 1) bzw. lege im Fall des Falles eine kleine Zwischenmahlzeit ein.

Die Zwischenmahlzeit erfolgt etwa 2 – 3 Stunden nach dem Frühstück, bei spätem Aufstehen sollte sie ausfallen.

✯ Zwischenmahlzeit

Stufe 1 (auch Zwei + Fünf + Zwei-Tage-Variante)
Etwas Obst (z. B. 2 Äpfel oder eine kleine Banane)

Alternative 1: eine kleine Portion Körner, Samen (ohne Zusätze)
Alternative 2: 1 Scheibe Vollkornbrot mit 1–2 Möhren oder Tomate, Gurke, Radieschen.

Getränk: reichlich Quell-/Mineralwasser/Leitungswasser, je nach Vorliebe evtl. Obst- oder Gemüsesäfte (100% mit Wasser verdünnt) – in Maßen – oder Kräuter-/Früchtetees.

Stufe 2: Wasser

Nach der Zwischenmahlzeit bietet sich für die Zuhausegebliebenen die Fortsetzung des morgendlichen Programms an – das bis zum Mittag.

✭ **Mittagsmahlzeit**

Stufe 1
1 Scheibe Vollkornbrot, dazu Gemüse und/oder Salat (Gemüse nach Möglichkeit roh zu sich nehmen, ansonsten gedünstet oder gekocht, am besten ohne Beilage einer Sauce oder aber diese in sehr geringer Menge – nicht mit Salz oder Pfeffer würzen, sondern mit Schnittlauch/Petersilie (Knoblauch) – siehe auch Kapitel 'gesunde Ernährung').

Alternative 1: Reis, Gemüse/Salat
Alternative 2: Pellkartoffeln, Gemüse/Salat

Getränk: Wasser oder Tee (Kräuter-/Früchtetees) bzw. verdünnter Gemüsesaft (wenn möglich, vor und nicht während des Essens).

Stufe 1, Zwei + Fünf + Zwei-Tage-Variante:
1–2 Scheiben Vollkornbrot mit sparsam aufgetragener Butter sowie jeweils einer dünnen Scheibe Käse, dazu Gemüse und/oder Salat.
Alternative 1 und 2 sowie Getränk: siehe oben

Stufe 2: Wasser

✭ **Mittagsruhe** Spaziergang oder/und Mittagsschlaf, Drei-Minuten-Gymnastik (siehe Tag 1).

Der Nachmittag

Am ersten Tag hast Du die Bekanntschaft mit einigen Entspannungspositionen gemacht, die Dir in diesen Tagen und in der Zeit danach wertvolle Dienste leisten werden. Heute lernst Du zwei weitere Stellungen kennen:

✯ Sitzen 1

Setze Dich bequem und gelockert auf einen Stuhl, den Rücken gerade, aber nicht verkrampft, den Kopf etwas nach vorne gebeugt, die Beine leicht gespreizt, die Füße fest auf dem Boden aufliegend, die Hände auf den Oberschenkeln. Du schließt die Augen, beobachtest Deinen Atem. Irgendwann öffnest Du die Augen, reckst und streckst Dich, atmest tief ein und aus und richtest Dich behutsam auf.

Diese Entspannungshaltung auf einer üblichen Sitzgelegenheit gibt Dir die Möglichkeit, Dich zu jeder Tageszeit und an nahezu jedem Ort, ob im Büro oder bei der Hausarbeit, zwischendurch für eine kurze Weile zu entspannen. Wer regelmäßig übt, wird dies eines Tages auch mit geöffneten Augen durchführen können, d. h. auch mitten im Alltagsbetrieb, so daß die Mitmenschen nichts davon bemerken.

✯ Sitzen 2 (Fersensitz)

Du läßt Dich in hockender Haltung auf Deinen Fersen nieder. Dies geschieht auf dem Boden, einem gepolsterten Stuhl, einem Sessel, dem Sofa, dem Bett. Zwischen Fersen und Oberschenkeln klemmst Du ein Kissen oder eine eingerollte Decke. Der Rücken ist gerade, der Kopf ebenfalls, die Schultern gelockert, die Hände liegen auf den Oberschenkeln, die Augen sind geschlossen, der Atem fließt – das etwa 5–10 Minuten. Daraufhin reckst und streckst Du Dich, atmest tief einige Male ein und aus und erhebst Dich behutsam.

Diese Position eignet sich in besonderer Weise zur Meditation. Sie vermag das körperliche und seelische Wohlbefinden jedoch auch bei anderen sitzenden Tätigkeiten zu steigern, z. B. beim Fernsehen. Wem das zu fremd ist, der möge es zunächst einmal dabei belassen, auf einer Ferse zu sitzen, dabei das linke Bein, die linke Ferse von Zeit zu Zeit mit dem rechten Bein, der rechten Ferse abzuwechseln. Wer den Fersensitz häufig anwendet, wird eines Tages in der Lage sein, diesen auch ohne die weiche Polsterung zwischen Fersen und Oberschenkeln durchzuführen.

Die Wirkung der beschriebenen vier Entspannungspositionen kann man leicht selbst nachprüfen, u. a. indem man vorher und nachher die Zahl der Atemzüge (den Puls, den Blutdruck) mißt. Man wird eine erstaunliche Veränderung feststellen. In dem Maße, in dem sich der Atem beruhigt, werden auch

Seele, Geist und Körper ruhiger, entspannter, gelassener, angstfrei.

Andere Stellungen, wie z. B. der Schneidersitz oder der Lotussitz, eignen sich ebenfalls hervorragend zur Entspannung und Meditation, bedürfen jedoch des langfristigen und geduldigen Übens und sind somit Anfängern im Verlaufe dieser sieben Tage nicht anzuraten.

✯ Nichtstun

Nun sind Dir bereits vier Entspannungspositionen geläufig. Du magst eine davon in die folgende Phase des Nichtstuns hinübernehmen. Im übrigen heißt es wieder einmal, mit sich selbst zurechtzukommen, ohne Zweck und Ziel, die Zeit vorüberziehen lassen – und das bis zur Abendzeit, auch wenn es weh tut.

Der Abend

✯ Abendmahlzeit

Stufe 1 (auch Zwei + Fünf + Zwei-Tage-Variante)
Salat (evtl. dazu eine kleine Portion Gemüse)
Getränk: Wasser oder Tee (Kräuter-/Früchtetee)
(Kein Obst und keine Obstsäfte am Abend, zur abendlichen »Zwischenmahlzeit« eignen sich Möhren und Radieschen, ansonsten reichlich trinken.)

Stufe 2: Wasser

✯ Abendstille

Stufe 1
* Lesen eines Buches
* Künstlerisches Tun (Fortführen der handwerklichen Arbeit von Tag 1 oder Malen eines Bildes zum Thema des heutigen Tages)
* Musizieren

Stufe 2:
* Abendspaziergang (nach Möglichkeit)
* Nichtstun

Nachtruhe

Auch am zweiten Abend Deiner Askese auf Zeit erwarte nicht, sogleich tief und fest einzuschlafen . Während Du Dich der Stille und Muße hingegeben hast, hat es in Deinem Innern heftig rumort und gearbeitet. Solltest Du Stufe 2 gewählt haben, so dürfte die vermutlich größte Reinigungsprozedur seit Deiner Geburt mittlerweile in vollem Gange sein. Vielleicht blickst Du auf den heutigen Tag mit gemischten Gefühlen zurück. Phasen der Gelöstheit werden sich abgewechselt haben mit Zeiten des Unwohlseins, der Unruhe, der Leere.

Vielleicht warst Du nahe daran aufzugeben, die Zeit der Stille, der Reizlosigkeit, vor allem auch die Zeit der einseitigen Nahrungsaufnahme zu unterbrechen. Dies wäre nur allzu verständlich. Im Augenblick zählt weniger, wie gut Du den Tag vollbracht hast. Daß Du ihn bestanden und nicht aufgegeben hast, das alleine zählt. Denn der zweite Tag ist zugleich der zweitschwierigste. Tröste Dich mit dem Gedanken, daß es von nun an jeden Tag ein wenig leichter werden wird. Am dritten, spätestens jedoch am Abend des vierten Tages, wird der Höhepunkt der Zeit der Unsicherheit und der Zweifel, der zeitweiligen Qual überwunden sein. So begib Dich denn getrost und frühzeitig ins Bett, lasse das hin und wieder emporkommende Unwohlsein zu, nimm Schlafstörungen gelassen hin. Die Zeit ist mit Dir. Laß sie nur machen.

Der dritte Tag (Montag) ❀ Der Tag des Feuers

Umstellungen

Fast all Deine Organe sind zur Zeit damit beschäftigt, sich zu reinigen, Dreck, Gifte, Schlacke, Abfall, Ballast auszuscheiden. Dies trifft in besonderem Maße für Stufe 2 zu (für Stufe 1 in abgeschwächter Form). Wundere Dich nicht, in diesen Tagen einen verstärkten Harndrang wahrzunehmen. Das ist ein gutes Zeichen. Zu Beginn könnte der Urin etwas ungewohnt riechen. Bald jedoch wird er farblos, kristallklar und geruchlos sein und Dein Stuhlgang zartduftend und von gelber Farbe. Möglicherweise stören und verschrecken Dich ungewohnte Körpergerüche, insbesondere vermehrte Schweißabsonderungen, z. B. aus den Achselhöhlen. Keine Sorge. Ein Grund mehr, den Menschen in diesen Tagen aus dem Wege zu gehen. Wahrscheinlich wirst Du ganz von selbst das Bedürfnis haben, Dich häufiger zu waschen. Falls Du den Kontakt mit Deinen Mitmenschen nicht vermeiden kannst, so komme ihnen nicht zu nahe und lutsche im Falle eines Falles ein zuckerfreies Bonbon. Es wird nicht lange währen, und Du wirst so lieblich duften wie seit Jahren nicht mehr. Je stärker der Geruch zur Zeit, um so besser, denn das ist ein sicheres Zeichen dafür, daß der Dreck, der sich seit Jahren in Dir angesammelt hat, endlich entweichen will. Deiner Haut dürfte man die Reinigung und Regenerierung noch nicht ansehen. Sie wird zur Zeit einen eher trockenen und strapazierten Eindruck machen. Schau einfach nicht in den Spiegel. Tröste Dich mit dem Gedanken, daß Deine Haut spätestens eine bis zwei Wochen nach Beendigung der Askese-Tage um so schöner, weicher, glatter, zarter, rosiger sein wird. Möglich, daß Dich hin und wieder etwas friert. Auch das ist ein sinnvolles Zeichen Deiner Erneuerung und steht in Zusammenhang mit dem Fettentzug. Kein Grund zur Besorgnis. Zieh Dir etwas über und bewege Dich ausreichend. Sollten sich Gespräche nicht vermeiden lassen, so sorge dafür, daß sie zeitlich begrenzt sind, denn abgesehen von Deinem Bedürfnis nach Stille neigst Du zur Zeit womöglich zu einer beschleunigten Redeweise, der die anderen nur unter besonderer Anstrengung folgen können.

Der Morgen

Gehe diesen Tag geruhsam und gelassen an. Du hat keinerlei Verpflichtungen. Was auch immer Du heute und in diesen Tagen tust, es ist zweitrangig. Das Wichtigste ist, es geschehen zu lassen.

Du streckst und reckst Dich und richtest Dich langsam und behutsam auf, atmest einige Male tief ein und aus, öffnest das Fenster und führst einige gymnastische Übungen durch (Drei-Minuten-Gymnastik). Im Anschluß daran begibst Du Dich unter die Dusche (warm/kalt).

✯ Das **Frühstück** gleicht dem des zweiten Tages. Wer Stufe 2 gewählt hat, nimmt heute morgen zuerst einmal einen Achtelliter Sauerkrautsaft zu sich.

Am dritten Tag Deiner Sieben–Tage–Askese wirst Du Dich mit dem Urelement Feuer auseinandersetzen. Feuer ist Leben, Liebe, Leidenschaft, Abenteuer, Angst. Ohne den Feuerball Sonne gäbe es kein Leben auf unserer Mutter Erde. Und auch im Innern unseres Planeten lodert das Feuer, worauf von Zeit zu Zeit feuerspeiende Vulkane aufmerksam machen. Wenn Ebbe Stille und Regeneration bedeutet, so ist das Feuer gleich der Flut das pralle Leben. Zum Glücklichsein und zur Gesundheit brauchen wir beides. Heute wirst Du Dich mit diesem zugleich angst- und glückerregenden Urelement vertraut machen, und spätestens im Anschluß an unsere Zeit der Askese wird Dein Herz wieder brennen wie Feuer.

Um ein Feuer zu entfachen, wirst Du selbstverständlich zu keinem chemischen Feueranzünder greifen und vorbehandeltes Holz oder Holzkohle unberührt lassen. Du tust es wie die Steinzeitmenschen, denn Du hast alle Zeit der Welt. Die einzigen Hilfsmittel, die erlaubt sind: Streichhölzer, Papier, Pappe. Der Weg ist das Ziel. Bereits das Beschaffen des Holzes ist ein wichtiger Bestandteil unseres Erlebens. Gedankenverloren sammelst Du trockene Holzstücke, vielleicht stundenlang, am besten in Wald und Feld. Wem das nicht möglich ist, der suche in Park oder Garten, oder er hacke Holze (vorzugsweise Buche oder Eiche). Holzhacken ist im übrigen auch eine sehr empfehlenswerte Übung zum Streßabbau und Abreagieren aggressiver Stimmungen für die Zeit danach. Das Feuer selbst wird günstigenfalls in der freien Natur (in ausreichender Entfernung von Bäumen und anderen brennbaren Materialien), evtl. auf einem Grillplatz oder im Garten, im Hof bzw. auf der Terrasse entfacht. Wem dies nicht möglich ist, der zünde das Feuer im Kamin an oder auf einem Grillofen.

✯ Die Feuer – Meditation

Wenn es brennt, nimmst Du Platz vor Deinem selbstgeschaffenen Feuer, wobei Du darauf achtest, Dich wegen des Rauches nicht in Windrichtung niederzulassen, Du sitzt, hockst, kniest oder stehst da in entspannter Körperhaltung und veränderst diese von Zeit zu Zeit so, daß Du den Körper intensiv wahrnimmst, jedoch Dich nicht unwohl dabei fühlst. Du denkst an gar nichts. Du schaust nur zu. Du siehst, was das Feuer tut, wie es sich verändert von Sekunde zu Sekunde, wie es wärmt und zischt, wie die große lodernde, bedrohlich wirkende Flamme allmählich immer ruhiger wird und schließlich nur noch die heiße Glut bleibt. Du schließt die Augen und gibst Dich der wohligen Wärme des Feuers hin. Du verweilst an diesem Ort, bis auch die Glut verlöscht ist. Du und das Feuer, alles andere zählt nicht. Und in dem Maße, wie das Feuer ruhiger wird, wirst Du es auch. Du reckst und streckst Dich, atmest tief einige Male ein und aus und richtest Dich schließlich behutsam auf.

✯ Alternative: Beginn der Arbeit mit Ton / Nichtstun

Wer, aus welchen Gründen auch immer, heute nicht in der Lage war, Holz zu sammeln, eigenhändig ein Feuer anzufachen und diesem zuzuschauen, der fülle den Vormittag aus mit Nichtstun (Stufe 2) oder mit künstlerischer Betätigung, z. B. der Arbeit mit Ton (wie am Nachmittag beschrieben).

So hängt auch das Ob und Wie der Mahlzeiten und Zwischenmahlzeiten (siehe Tag 2) sowie die Mittagsruhe mit anschließender Gymnastik (siehe Tag 1) weitestgehend davon ab, inwiefern Du Dich heute vormittag in der freien Natur, in der Nähe Deines Hauses oder im Innern des Hauses aufgehalten hast.

Der Nachmittag

✯ Künstlerisches Tun, Bearbeiten von Ton

Nachdem Du Deine nachmittägliche Zwischenmahlzeit (Stufe 1) bzw. reichlich Wasser (Stufe 2) zu Dir genommen hast, findest Du Dich vor einem großen Batzen Ton in Deinem Zimmer wieder. Ton ist eine der zahlreichen Erscheinungsformen des Urelements Erde. Nachdem Deine Hände dieses Stück Erde bearbeitet haben, wird es über dem Feuer bzw. im Spezialofen gebrannt und kann so Jahrtausende überdauern. Am besten wählst Du diejenige Sorte von Ton, die dem Erdton am nächsten kommt: braunrot. Sie eignet sich auch gut für gröbere Formen. Nimm eine ordentliche Portion Ton in die Hände, forme und knete ihn zu einem kleinen festen Ball. Was immer Du daraus entstehen lassen möchtest, achte auch heute darauf, keinen Ehrgeiz zu entwickeln und nicht an die mögliche Reaktion Deiner Mitmenschen zu denken. Du tust es nur für Dich. Vielleicht wirst Du das Abbild eines Lebewesens aus Deinem Stück Ton formen, ein Tier, einen Menschenkopf, vielleicht auch nichts als eine eigenwillige Gestalt. Solltest Du den Wunsch verspüren, ein Gefäß, eine Vase, einen Becher, einen Kerzenständer, eine Duftlampe herzustellen, so zerteile den Ton in kleine Portionen, rolle fingerdicke Würste, forme daraus Boden und Wände des Gefäßes, verbinde dann die entstandenen Rillen und Hohlräume, damit sich keine Luftlöcher bilden, die beim Brennen aufplatzen könnten (Ton, den Du nicht in einem Zug verbrauchst, verpackst Du luftdicht in einer Plastiktüte oder umhüllst ihn in feuchte Tücher). Das fertige Produkt läßt Du trocknen, und wenn es Dir gefällt, so lasse es in einer Töpferei oder Schule brennen und evtl. auch glasieren.

Das einzige, womit Du Dein Tun hin und wieder unterbrechen solltest, ist, Wasser zu trinken sowie bei Bedarf das Ausüben gymnastischer oder/und meditativer, entspannender Übungen. Wem danach ist, der möge den kreativen Prozeß mittels Meditationsmusik und/oder dem Duft ätherischer Öle untermalen.

Der Abend

★ Die **Abendmahlzeit** gleicht derjenigen des zweiten Tages.

★ Das blaue Heft

Vermutlich hast Du in den ersten Tagen darauf geachtet, Dich völlig gehen zu lassen und kaum das Bedürfnis verspürt, Dir irgendwelche Notizen zu machen. Das ist in Ordnung. Heute abend jedoch solltest Du allmählich damit beginnen. Die Gedanken kommen von ganz alleine. Befreit vom Ballast des körperlichen und geistigen Mülls der vergangenen Jahre wird zutage gefördert, was in Deinem Innersten verschüttet war. Du wirst deutlich erkennen, was Du alles in Deinem Leben falsch gemacht hast und wie Du dies zu ändern gedenkst, welche Träume sich als naiv und dumm entpuppen und welche Träume Du nun erst recht wahrmachen möchtest.

In Tausenden von Büchern kannst Du Tausende von wohlgemeinten Ratschlägen nachlesen, wie Du zu einem glücklicheren und gesünderen Leben gelangst. Der Haken dabei ist, daß jeder Autor von sich ausgeht. Das beste und erfolgversprechendste Konzept für Deine bessere Zukunft vermag jedoch nur ein einziger Mensch auf dieser Welt entwerfen, und dieser eine, das bist Du. Und zu diesem Zwecke werden die Eintragungen im blauen Heft in diesen Tagen der Stille Dir eine große Hilfe sein. Notiere alles, was Dir einfällt, alles, was Dich an Dir und den Mitmenschen stört, was Du ändern, was Du an Neuem beginnen, was Du an Unnötigem, Überflüssigem in Zukunft lassen wirst. Notiere auch, wie es Dir in diesen Tagen körperlich und seelisch ergeht, was Du gerne getan hast und was nicht. Schreibe ebenfalls Deine Träume nieder. Führe das Heft und einen Stift von nun an stets mit Dir. Lege es in der Nacht auf die Kommode neben Deinem Bett, nimm es mit bei Deinen Spaziergängen und Ausflügen, es werden Hunderte von Einfällen in Dir hochsteigen. Notiere sie sogleich, denn es könnte sein, daß Dich in diesen Tagen Dein Kurzzeitgedächtnis hin und wieder im Stich läßt (Stufe 2).

✯ Abendstille

Stufe 1:
* Lesen eines Buches
* Fortführen der künstlerischen Arbeit
* Musizieren

Stufe 2: (Abendspaziergang), Nichtstun

N a c h t r u h e

Du kannst stolz auf Dich sein. Nun hast Du bereits drei Tage durchgehalten und die schwierigste Phase hinter Dich gebracht. Solltest Du von Zeit zu Zeit von Hungergefühlen heimgesucht worden sein oder geglaubt haben, vor Langeweile umzukommen, so bist Du inzwischen gefestigter und wirst Dich allmählich an Deinen veränderten Zustand gewöhnt haben. Von nun an wirst Du von Tag zu Tag freier, leichter, frohgelaunter, mitunter gar euphorisch werden. Spätestens vom Abend des 4. Tages an wird es Dir so gut gehen wie seit ewigen Zeiten nicht mehr.

Der Morgen

War es bislang unerheblich, ob Du des Morgens zeitig aufgestanden oder aber noch längere Zeit im Bett verweiltest, so dürfte sich Dein Schlaf-/Wachrhythmus spätestens von heute an ganz von selbst dahingehend verändern, daß Du es nicht mehr nötig haben wirst, einen Großteil der morgendlichen Stunden zu verschlafen. Du siehst dem Tag mit Freuden entgegen und gerätst gar nicht erst in die Versuchung, Dich ein weiteres Mal auf die andere Seite zu drehen, nachdem Du am Morgen einmal aufgewacht bist. Trotzdem schaust Du auch heute auf keine Uhr. Du kennst keinen Zwang, keine Regeln, keinen Zeitdruck, keinerlei Verpflichtungen. Du stehst auf, wenn es Deine innere Stimme sagt, und das wird vermutlich irgendwann zwischen 7 und 9 Uhr sein.

✯ Die Zehn-Minuten-Gymnastik

Von heute an solltest Du morgens ein erweitertes Gymnastikprogramm durchführen, selbstverständlich wieder ohne Eile und ohne jeglichen Ehrgeiz. Falls Du bei einer der nachfolgenden Übungen einmal einen leichten Schwindel verspürst, so brichst Du die Übung ab und ruhst eine Weile aus.

1. Nach dem Aufwachen reckst und streckst Du Dich und atmest tief einige Male ein und aus.

2. Du verbleibst in liegender Position, verschränkst die Hände hinter dem Kopf und läßt Deine Beine radfahren – solange es Dir guttut.

3. Du richtest Dich behutsam auf, öffnest das Fenster, kniest Dich auf das Bett oder den Boden, so daß Deine Oberschenkel auf den Fersen aufliegen, Kopf und Rücken gerade, Schultern gelockert, Hände auf den Knien. Du achtest auf Deinen Atem und sonst nichts – das etwa 2 Minuten lang.

4. Du verbleibst in kniender Haltung, richtest jedoch Deinen Oberkörper auf, die Arme streckst Du nach oben und neigst den Oberkörper nach hinten, da-

bei durch die Nase ein- und durch den Mund ausatmen – das etwa 1 Minute.

5. Du stehst mit beiden Füßen auf dem Boden, richtest die Arme in die Höhe und springst einige Male in die Luft – das etwa 10mal.

6. Du läufst auf der Stelle – das etwa 1 Minute.

Die nachfolgenden Übungen 7 – 11 entsprechen den Übungen Nr. 1 – 5 des 1. Tages (siehe Drei-Minuten-Gymnastik): aufrecht stehen, Arme in die Höhe, Oberkörper beugen – das etwa 10mal, Kniebeugen 10- bis 20mal, Oberkörper einige Male zur rechten, zur linken Seite und nach hinten beugen, den Kopf einige Male kreisen lassen, den Oberkörper desgleichen. Im Anschluß an die morgendliche Gymnastik begibst Du Dich wie an den übrigen Tagen unter die Dusche.

✯ Das **Frühstück** gleicht dem der vorangegangenen Tage (siehe Tag 2), für Stufe 2 gilt: heute kein Sauerkrautsaft.

✯ Frühsport

Im Anschluß an das Frühstück wirst Du, falls Kondition, Wetter und örtliche Gegebenheiten es zulassen, ein wenig Frühsport betreiben: etwa 20 Minuten laufen oder: 100 Schritte laufen, 100 Schritte gehen, 100 Schritte laufen ... oder aber radfahren (jedoch nicht auf Autostraßen). Im Anschluß daran duschen (warm/kalt).

Kunstbetrachtung (1 – 3 Std.)

Künstlerische Betätigung gehört zu den ältesten Ausdrucksmöglichkeiten der Menschen. Lange vor der Erfindung der Schrift haben unsere Vorfahren das Bedürfnis gehabt, ihre Gefühle, ihre Erlebnisse bildnerisch mitzuteilen, persönliche Spuren zu hinterlassen, so z. B. auch in über 40 000 Jahre alten Höhlenmalereien. Die zeitgenössische Werbung im besonderen und das Fernsehen im allgemeinen machen sich den Umstand zunutze, daß Bilder in weit stärkerem Maße das Gefühlsleben der Menschen beeinflussen als z. B. die Sprache oder die sachliche Information.

Wir wollen uns heute mit dieser bedeutsamen menschlichen Ausdrucksform auseinandersetzen und das wiederum, ohne den Kopf zu beanspruchen, ohne Ziel, ohne Ehrgeiz, ohne theoretische Analysen. Wir lassen die Kunstwerke auf uns wirken. Sollte es in Deiner Nähe ein Kunstmuseum geben, das ohne Streß zu Fuß, per Bahn oder mit öffentlichen Verkehrsmitteln erreichbar ist, so suche es auf (nimm ggf. Umwege in Kauf, wenn sie dazu beitragen, den Reizüberflutungen einer Stadt auszuweichen). Im Museum selbst wirst Du unter keinen Umständen an einer Führung teilnehmen und schon gar nicht die Absicht verfolgen, jedes einzelne Werk kennenzulernen. Gedankenverloren schlenderst Du durch die Räume und bleibst bei jenem Gemälde stehen, das Dich spontan anspricht. Dort verweilst Du und läßt das Werk auf Dich wirken. Im Museum selbst hältst Du Dich heute maximal 1 bis 2 Stunden auf.

✯ Alternative: Kunstbetrachtung zu Hause

Falls Du keine Möglichkeit hast, streßfrei ein Museum aufzusuchen, so widme Deine Aufmerksamkeit einem oder einigen wenigen Bildern zu Hause und blättere in einem Kunstband, wobei Du bei dem Gemälde innehältst, das Dich anrührt. Dieses betrachtest Du so lange, bis Du es mit geschlossenen Augen vor Dir siehst – das wiederum ohne Einschalten der Gedanken.

Falls Du heute zu Hause geblieben bist, so unterbreche Deine Kunstbetrachtung je nach Lust und Laune mit zeitweiligem Nichtstun, mit gymnastischen und/oder entspannenden Übungen, mit Trinken und gegebenenfalls einer kleinen Zwischenmahlzeit.

Solltest Du heute frühzeitig aufgestanden sein und nach all dem passiven Betrachten den Wunsch haben, selbst künstlerisch tätig zu werden, so beginne mit den ersten eigenen Versuchen (siehe Nachmittag).

✯ Die **Mittagsmahlzeit** gleicht derjenigen der Vortage (siehe Tag 2).

✯ Mittagsruhe

Nach dem Mittagessen wirst Du, wenn es die Umstände gestatten, ohne zeitliche Begrenzung die frische Luft aufsuchen, andernfalls sitzend, hockend, kniend oder liegend dem Nichtstun frönen oder Dich für eine Weile aufs Ohr legen, wobei der Mittagsschlaf von heute an möglichst nicht über 30 bis 60 Minuten hinausgehen sollte.

Im Anschluß an die Mittagsruhe wirst Du einige gymnastische Übungen durchführen, um sodann Deine nachmittägliche Zwischenmahlzeit einzunehmen (siehe Tag 2).

Der Nachmittag

✯ Bildnerisches Tun

Jeder Mensch ist ein Künstler. So auch Du. In jedem wohnt das Bedürfnis inne, sich auch künstlerisch mitzuteilen. Uns aber geht es heute wieder einmal nicht um das Endprodukt, nicht um das große Kunstwerk. Uns geht es alleine um das spontane Tun. Was herauskommt, interessiert nicht. So ist es auch nicht unser Ziel, einen Gegenstand, eine Landschaft, einen Menschen wirklichkeitsgetreu wiederzugeben. Das können Fotographien besser. Wir malen, um unseren Gefühlen, Stimmungen, Eingebungen Ausdruck zu verleihen.

So wähle auch die Technik ganz spontan und je nach persönlicher Vorliebe und Vorkenntnis aus. Mögliche Mittel sind: Deckfarben, Aquarell, Öl, Seidenmalerei, Fingerfarben, Buntstifte, Collage und dergleichen. Besonders eignen sich für diese Tage: das Malen mit Deck- oder Aquarellfarben sowie die Technik der Collage.

Malen mit Deck-/Aquarellfarben

Tauche Deinen Pinsel ganz spontan in irgendeine Farbe, trage diese auf, ohne Dir darüber im klaren zu sein, was Du eigentlich malen möchtest. Vielleicht entsteht eine eigenwillige Form, ein Farbenspiel, ein Tier, eine Pflanze, ein Mensch, eine Landschaft, eine Traumgestalt oder gar die Szene aus einem Alptraum. Mag sein, was es will und wie es will, nur eines muß es nicht sein: schön. Niemand anderes wird das Bild sehen, wenn Du es nicht willst. Sollte Dir der erste Versuch nicht gefallen, so beginnst Du ein zweites oder ein drittes Werk. Du hast Zeit. Du bist Dein eigener Chef, Deine eigene Chefin.

Die Collage

Vielleicht steht Dir heute der Sinn danach, aus vorgegebenen Bildern ein neues Werk herzustellen. Schneide Bildteile, die Dich ansprechen, aus Zeitschriften, Katalogen, Kunstbänden aus, füge sie zu einem neuen Bild zusammen, entweder spontan ohne irgendein übergreifendes Thema, oder aber Du entwirfst Dir Deine eigene Traumwelt und klebst in die Mitte des Bildes ein Foto von Dir.

Dein fertiges Werk stellst Du auf, beleuchtest es mit einer Kerze, dunkelst den Raum ab und setzt Dich still davor. Gedankenverloren und zeitlos läßt Du Dein eigenes Werk auf Dich wirken. Je nach Vorliebe und Stimmung wirst Du ferner Musik im Hintergrund ertönen lassen oder/und Wohlgerüche mittels einer Duftlampe verbreiten.

Der Abend

✯ Die **Abendmahlzeit** gleicht derjenigen der Vortage (siehe Tag 2).

✯ Das blaue Heft

Nach dem Abendessen nimmst Du das blaue Heft zur Hand und notierst Deine Eindrücke, Gefühle, Einfälle (wie am 3. Tag).

✯ Abendstille

* Lesen eines Buches
* Blättern in einem Kunstband
* Fortführen der künstlerischen Arbeit
* Musizieren

Stufe 2: (Abendspaziergang), Nichtstun

Nachtruhe

Vermutlich warst Du heute in besonderer Weise gelassen und frohen Mutes. Die beschwerlichen Tage sind endgültig vorbei. Deine Geduld hat sich ausgezahlt. Du kannst stolz auf Dich sein. Die drei verbleibenden Tage werden im Vergleich zu den vorangegangenen zu einem reinen Kinderspiel.

Der fünfte Tag (Mittwoch) ❀ Der Tag der göttlichen Stätte

Der Morgen

Leicht und unbekümmert siehst Du dem fünften Tag entgegen. Du reckst und streckst Dich und führst den 1. Teil der morgendlichen Gymnastik bereits im Bett durch (siehe Tag 4).
Nach dem Duschen findest Du Dich am Frühstückstisch ein.

✯ Das **Frühstück** gleicht dem der Vortage (siehe Tag 2), empfohlen wird, nach Möglichkeit zwischen den aufgeführten Alternativen abzuwechseln. Bei Stufe 2 nimmst Du heute ein weiteres Mal zirka 0,125 Liter Sauerkrautsaft auf nüchternen Magen ein.

✯ Nach dem Frühstück wirst Du Dich, wenn die Umstände es zulassen, zum **Frühsport** an die frische Luft begeben: radfahren, laufen, spazierengehen (siehe Tag 4).

Die göttliche Stätte (1 – 3 Std.)

Ganz gleich, ob Du der katholischen, der evangelischen, der islamischen, einer anderen oder überhaupt keiner Religionsgemeinschaft zugehörst: Die Sehnsucht nach einem höheren Wesen, einem höheren Sinn, die Frage nach einem Leben nach dem Tode gehören zu den ganz elementaren Urbedürfnissen der Menschheit, welche auch in der Zeit lange vor Jesus bei nahezu allen Naturvölkern in irgendeiner Weise eine zentrale Rolle eingenommen haben. Man denke u. a. an die weitverbreitete Tradition der alten Völker, ihren Verstorbenen Grabbeigaben mitzugeben, um diese für ein Leben im Jenseits zu rüsten oder an die blutigen Opfer, die man darbrachte, um die Götter milde zu stimmen. Allerdings hatten die Frühkulturen den Kirchenfürsten von heute voraus, daß sie sowohl auf der Erde als auch im Himmel zwei Geschlechter wahrnahmen, und so glaubten die alten Germanen, Ägypter, Griechen, Römer nicht nur an einen einzigen männlichen Gott, sondern an zahlreiche weibliche und männliche Gottheiten. Auch waren ihnen die engen Bande zwischen Natur und Mensch sowie zwischen Tier und Mensch nicht fremd, so daß zu jener Zeit Mensch-/Tiergottheiten ebenso zahlreich auftraten wie Gott-/Menschwesen und Mensch-/Tiergestalten.

Quellen dieser ursprünglichen Naturreligionen werden wir allerdings in diesen Tagen schwerlich auftun. Dazu müßten wir uns in Museen und öffentlichen Bibliotheken umsehen.

Auch ganz gewöhnliche Gotteshäuser und Friedhöfe, die wir in jedem unserer Orte vorfinden, bieten sich vorzüglich an als Stätte der Stille und der Meditation. Wer in der Nähe ein Kloster weiß, der suche dieses auf.

✯ Meditation im Gotteshaus

Du läßt Dich auf einer hinteren Bank nieder und machst Dich mit der Umgebung vertraut, den betenden Mitmenschen, dem Licht, das durch die Fenster leuchtet, den alten Gemäuern, den Bildern und Statuen. Du läßt die Zeit verstreichen. Irgendwann zündest Du eine Kerze an, bleibst stehen und betrachtest das flackernde Licht der Flamme. Gedanken, die hochsteigen, läßt Du zu, aber Du schaust immerzu auf die Flamme, und irgendwann werden sie von Dir lassen, die Gedanken, und Du stehst da, und Du bist völlig frei und gelöst. Du schließt die Augen, erst ein wenig, so daß Du das Kerzenlicht nur noch verschwommen wahrnimmst, dann schließt Du die Augen ganz.

Der Mittag

★ Das **Mittagsmahl** gleicht demjenigen der Vortage (siehe Tag 2).

★ **Mittagsruhe**

Nach dem Mittagessen ziehst Du Dich für eine Weile in Dein Zimmer zurück oder/und suchst die Natur auf. Im Anschluß daran führst Du einige gymnastische Übungen durch und nimmst eine kleine Zwischenmahlzeit ein (siehe Tage 2).

Der Nachmittag: die Weltreligionen

Ohne den Kopf einzuschalten, beschäftigst Du Dich mit Quellentexten alter Religionsgemeinschaften (z. B. der Bibel, dem Koran, Werken von M. Luther, Reden des Buddha etc.). Du blätterst gedankenverloren, ohne zu analysieren, ohne zu bewerten. Du nimmst zur Kenntnis, was die Menschen aus alter Zeit Dir zu sagen haben. Du bist offen und tolerant gegenüber fremden Religionen und Weltanschauungen und wirst gewahr, daß sie sich in vielen wesentlichen Punkten nahekommen. Vielleicht stößt Du auf den einen oder anderen Satz, der Dir bedeutsam erscheint, den Du in Dein blaues Heft überträgst oder, in Kunstschrift gestaltet, über Deinem Bett aufhängst. Du unterbrichst das Studium der religiösen Schriften gegebenenfalls zum Trinken von Wasser, zur Meditation, für einige gymnastische Übungen oder Phasen des Nichtstuns und läßt Dich nach Belieben von Musik und/oder dem Duft ätherischer Öle stimulieren.

Der Abend

★ Die **Abendmahlzeit** gleicht derjenigen der Vortage (siehe Tag 2).

★ **Das blaue Heft**

Nach dem Abendessen nimmst Du weitere Eintragungen vor.

✯ Abendstille

Stufe 1
* Lesen in der Bibel oder einer anderen religiösen Urschrift
* Fortführen des künstlerischen Tuns der Vortage
* Musizieren

Stufe 2: (Abendspaziergang), Nichtstun

Nachtruhe

Heute abend wirst Du vor dem Schlafengehen aus dem geöffneten Fenster Deines Zimmers (oder auf dem Balkon, im Garten) einen Blick werfen auf den unendlichen Horizont, den Mond, die Sterne, jenen Ort, an dem die alten Kulturen den Sitz der Gottheiten vermuteten. Die Unendlichkeit des Firmaments wird Dir vor Augen führen, wie klein und unbedeutend unser Kummer, unsere Ängste sind im Angesicht der Milliarden Planeten um uns herum. So schlafe denn getrost ein mit dem guten Gefühl, nur noch zwei Tage der Askese vor Dir zu haben.

Der sechste Tag (Donnerstag) ❀ Tag der geschriebenen Worte

Der Morgen

Der zweitletzte Tag bricht heran, Du bist gelassen und leicht, Dein Tatendrang wächst von Mal zu Mal. Du aber läßt den Morgen geruhsam angehen. Die gymnastischen Übungen, das Duschen, das Frühstück, der mögliche Frühsport gleichen denjenigen der Vortage.

So wie jeder Mensch ein Künstler ist, so ist auch jeder Mensch ein Dichter. Vermutlich hast auch Du in irgendeiner Phase Deiner Kindheit oder Jugendzeit Dich hin und wieder an kleinen Gedichten, einzelnen Versen oder Kurzgeschichten versucht. Seitdem die Menschen die Schrift kennen, haben sie das Bedürfnis, Gefühle, Stimmungen, Empfindungen, Erlebnisse, Botschaften auch in Worte zu fassen, um Spuren zu hinterlassen, um anderen eine Freude zu bereiten. Wie unsere künstlerischen Arbeiten in diesen Tagen weder perfekt noch schön sein müssen, so brauchen es auch unsere Verse, unsere Gedichte nicht zu sein. Es sei ein zweckfreies Spiel mit den Worten, nicht mehr und nicht weniger. Es mag sich reimen, aber auch das muß nicht sein.

Laß Dir Zeit, irgendwann wird irgend etwas in Dir aufsteigen. Vielleicht wird am Ende nur ein einziger Satz stehen. Ein Satz, den Du alleine geschaffen hast. Vielleicht wird ein Gedicht zustandekommen, welches Du aufbewahren oder verschenken möchtest. Im übrigen gibt es nicht viel anderes, das einer geliebten Person mehr Freude bereitet, als ein unerwartetes, selbst geschaffenes persönliches Geschenk.

Dichten kannst Du an jedem Ort, so auch in Deinem stillen Kämmerlein. Wer jedoch die Möglichkeit dazu hat, der suche die Natur auf, der wandere eine Weile unbekümmert dahin, ohne von dem Gedanken getrieben zu werden, dichten zu müssen. Du mußt in diesen 7 Tagen gar nichts tun. Aber für den Fall der Fälle bist Du mit einem Blöckchen und einem Stift ausgerüstet. Vielleicht hast Du in den letzten Tagen einen Ort entdeckt, an dem Du Dich besonders wohlfühltest. Auch mußt Du nicht am frühen Morgen wissen, wohin Dich Deine Füße tragen werden. Du gehst einfach los, egal wohin, egal wie weit. Irgendwann wirst Du irgendwo ankommen, und mit einem Male werden auch die Worte da sein.

Zahlreiche große und kleine Dichter haben sich von der Natur inspirieren lassen, unter ihnen Shakespeare, Goethe und Jean Paul (1763 – 1825), von dem eine Schülerin sagte: »Am liebsten wanderte er in den Wald, legte sich hier unter den ersten besten Baum, starrte unverwandt Wald und Himmel an, zog dann und wann ein weißes Blatt Papier aus der Tasche und schrieb einzelne Worte darauf.« Ob Du am Mittag oder am Nachmittag von Deiner Exkursion zurückkehrst, bleibt Dir überlassen. Solltest Du frühzeitig zu Hause sein, so verfahre wie in den Tagen zuvor: Zwischenmahlzeit, Mittagsmahl, Mittagsruhe, Gymnastik- und Entspannungsübungen, Phasen des Nichtstuns, reichlich trinken, evtl. eine zweite Zwischenmahlzeit.

Der Nachmittag

✯ Das Einkaufen

Das Besorgen der Lebensmittel für die 2–3 Übergangstage im Anschluß der Askese-Zeit sollte eher am vorletzten denn am letzten Tag erfolgen. Bitte nach Möglichkeit einen Dir Nahestehenden, Dir das abzunehmen. Falls Du Deine Besorgungen selbst erledigst, achte darauf, Geschäftszentren, städtische Bereiche, Stoßzeiten, Autofahrten zu meiden.

Einkaufsliste für Stufe 1 und 2

* Gemüse, Salat, Obst,
* Magerquark, Naturjoghurt, Haferflocken, Getreideflocken mit Keim,
* Vollkornbrot, Käse, Butter,
* Reis, Kartoffeln,
* Samen, Körner,
* Kräuter-/Früchtetees
* 100%iger Apfelsaft, Gemüsesaft kaltgepreßt, Quell-/Mineralwasser, 6–9 Liter.

Der Asket als Dichter 2

Vermutlich hast Du bereits am Vormittag Feuer gefangen und mittlerweile eine Idee, ein Konzept, den Anfang eines Gedichts, einer Kurzgeschichte im Kopf. Sollte das der Fall sein, fährst Du nunmehr fort und gestaltest Dein Werk aus. Falls nicht, auch kein Problem. Dann blätterst Du in Gedichtbänden, in Sammlungen mit Spruchweisheiten alter Völker, in Werken mit Kurzgeschichten. Lasse sie auf Dich wirken. Sicher werden sie Dich inspirieren. Die Beschäftigung mit den geschriebenen Worten untermalst Du je nach Laune mit Musik und/oder dem Duft ätherischer Öle. Im übrigen lege Phasen des Nichtstuns, der gymnastischen und entspannenden Übungen ein und achte auf häufiges Trinken.

Der Abend

★ Die **Abendmahlzeit** gleicht derjenigen der Vortage (siehe Tag 2).

★ **Das blaue Heft**

Wie an den vorausgegangenen drei Abenden wirst Du auch heute Empfindungen, Erfahrungen, Eingebungen, Vorsätze dem blauen Heft anvertrauen.

★ **Abendstille**

Stufe 1
* Lesen in Gedichtbänden, Kurzgeschichten
* Sammlungen von Spruchweisheiten
* Fortführen einer der künstlerischen Arbeiten der Vortage
* Musizieren

Stufe 2: (Abendspaziergang), Nichtstun.

Nachtruhe

Sollte Dir den ganzen Tag über keine einzige eigene Zeile in den Sinn gekommen sein, was soll's? Inzwischen befindest Du Dich in einem Stadium der Gelassenheit, in welchem Du es nicht mehr nötig hast, Dich unter Druck setzen zu lassen, schon gar nicht von Dir selbst. *Der Weg ist das Ziel.* Vielleicht fällt Dir in den kommenden Tagen etwas ein, wenn nicht, so schlummern sicherlich eine Menge anderer Talente in Dir. Weitaus bedeutsamer ist, daß Du von sieben bereits sechs Tage ausgehalten hast. So begib Dich getrost zu Bett und freue Dich auf den allerletzten Tag, den Tag der grenzenlosen Freiheit.

Gott schuf in sechs Tagen alles Leben, so steht es in der Bibel, am siebten Tag aber ruhte er. Du hast in den vorangegangenen Tagen, äußerlich gesehen, weniges geschaffen, wenn man einmal vom künstlerischen Tun, welches ohne Zweck und Absicht und ohne Anstrengung erfolgte, absieht, und doch hat es in Deinem Inneren mächtig gearbeitet. Körper, Seele und Geist haben die vermutlich größte Reinigungsaktion ihres Daseins durchgemacht. Indem Du das zugelassen und ausgehalten hast, ist Deine »Lehre glücklich beendet, nun folgt das Gesellenstück«: der Tag der grenzenlosen Freiheit, das absolute Geschehenlassen ohne jeden Plan, ohne jedes Ziel, ohne jedes Programm, ohne irgendwelche Absicht. Du weißt am Morgen nicht, wie es weitergehen wird. Du willst es gar nicht wissen. Du läßt Dich von Dir selbst überraschen. Mittlerweile hast Du überhaupt keine Angst mehr davor, einen Tag vorüberziehen zu lassen. Du bist frei wie ein Vogel, nein, noch freier, denn der Vogel muß täglich Nahrung suchen, das Revier verteidigen und Sorge tragen, daß er den Tag überlebt. Du mußt Dich um nichts sorgen, nicht einmal ums Essen oder Trinken. Wenn Du Durst hast, dann trinkst Du. Wenn Du Hunger spürst, so wirst Du eine Kleinigkeit essen (Stufe 1). Du weißt inzwischen sehr wohl, was Du brauchst, was Dir guttut, was Dir schadet. Du wirst keinen Fehler begehen. Heute lebst Du nur für den Augenblick.

Wohin werden Dich Deine Füße tragen? Werden sie Dich in den Wald führen, wie am allerersten Tag? Wirst Du nicht vor dem Dunkelwerden nach Hause kommen – müde, erschöpft und glücklich? Wirst Du durch die Straßen der Stadt schlendern, ohne Absicht, ohne Ziel, ohne Eile und Dich wundern, wie sehr die Menschen um Dich herum sich abhetzen und mühen, Termine im Kopf, pralle Einkaufstüten in den Händen, voll mit Dingen, die sie gar nicht brauchen? Oder werden Dich Deine Füße zu einem Spielplatz tragen? Wirst Du den Kindern zuschauen, die alle Tage so sind, wie Du es heute bist. Sie leben für den Augenblick, sie denken nicht an morgen. Werden Deine Füße Dich zu einem Tiergehege führen? Wirst Du den Tieren zuschauen? Auch sie machen es wie Du. Sie bewegen sich, sie dösen, sie spielen, sie toben, sie berühren sich, sie essen und trinken, aber sie denken nicht an morgen.

Wirst Du den See aufsuchen, den Bach, den Fluß – das Wasser, das immer weiterzieht, egal, was rundherum auch passiert? Wirst Du Dich mit einem Male wieder in Deinem Zimmer einfinden, ein weißes Blatt vor Dir, das Du mit Farben, Formen oder mit Worten füllst? Drängt es Dich, eines der Bücher zu Ende zu lesen, welches Du in den Tagen der Stille kennengelernt hast? Wirst Du zu einer handwerklichen Arbeit greifen, die Du noch gerne zu Ende führen möchtest?

Was immer Du auch tun wirst, Du wirst es in dem Moment lassen, in welchem Du Dich nicht mehr wohlfühlst. Vielleicht verspürst Du am heutigen Abend das Bedürfnis, Dich zu denen zu gesellen, die Dir nahestehen. Vielleicht wirst Du Dich an ihrem Abendbrottisch niederlassen. Du wirst ihnen zuhören, sie ansehen, ihnen ein wenig abgeben von Deiner Gelassenheit, Deiner inneren und äußeren Ruhe, Deiner Ausstrahlung und Wärme. Vielleicht wirst Du heute abend Deinen Liebsten zu einem Spaziergang einladen oder ein Gesellschaftsspiel anregen? Tu, was immer Du tun willst, und was Du tust, wird gut sein.

Am letzten Abend bleibst Du so lange auf, wie es Dir gefällt. Du bist die Herrin, der Herr Deiner Zeit. Du bist der freiste Mensch auf der Welt.

Du hast es geschafft. Die sieben Tage der Askese sind vorüber. Jedoch solltest Du Dich nicht sogleich ins pralle Leben stürzen, auch wenn Du vor Tatendrang, Energie und neuen Ideen sprühst.

Dein Körper, Dein Geist, Deine Seele waren auf niedrigster Sparflamme. Wenn Du sie nun überforderst, käme das einem Schock für sie nahe. Lasse die Tage langsam ausklingen. In diesem Sinne mögen die kommenden 2–3 Tage als Übergang dienen. Du wirst weder sofort zum Fernseher eilen, noch sogleich ausgehen, um Deine Wiedergeburt zu feiern. Das kannst Du am darauffolgenden Wochenende tun. Schließlich hast Du Dir das redlich verdient und nebenher in den letzten sieben Tagen einiges an Geld eingespart.

Der erste Übergangstag (Samstag)

Hab heute noch ein wenig Geduld, vor allem beim Essen, Trinken und dem Gebrauch von Genußmitteln. Würdest Du nun z. B. von einer auf die andere Stunde ein üppiges Mahl verzehren mit Wein, einer großen Portion Fleisch usw., könnte das für Deinen entwöhnten Körper bedenklich – bei vorausgegangener Stufe 2 gar gefährlich werden. Daher solltest Du Deinen Körper sehr behutsam und in kleinen Schritten an das alltägliche Leben und das gewohnte Essen heranführen.

✯ Stufe 1

Frühstück: Magerquark (50 – 100 g), dazu Vollkornhaferflocken (oder gekeimtes Getreide) und Obst (z. B. ein Apfel), bei Bedarf mit ein wenig Honig oder Zucker süßen.

Alternative 1: 1–2 Scheiben Vollkornbrot mit sparsam aufgetragener Butter und Magerkäse.

Alternative 2: 1–2 Scheiben Vollkornbrot mit Magerquark und Honig.

Zwischenmahlzeit: Obst (z. B. 1–2 Äpfel oder 1 kleine Banane).

Mittagsmahl: Reis oder Pellkartoffeln, Gemüse/Salat.

Zwischenmahlzeit: 1 Naturjoghurt, evtl. gesüßt mit Honig (Zucker).

Abendmahlzeit: Reis oder Pellkartoffeln, Gemüse/Salat.
Alternative: 1–2 Scheiben Vollkornbrot mit Frischgemüse (z. B. Tomate/Gurke) und/oder Butter, Magerkäse, Kräuterquark.

Genußmittel: nach Möglichkeit keine – max. 3 Zigaretten auf den Tag verteilt, max. 1/2 Glas Wein oder 1/2 Flasche Bier, max. 1–2 Tassen Kaffee/schwarzer Tee.

✯ Stufe 2

Frühstück: Kräutertee (z. B. Kamille).

Zwischenmahlzeit: 1 Apfel.

Mittagsmahl: Kartoffel-Gemüse-Suppe (frisch zubereitet).

Zwischenmahlzeit: 1 Apfel.

Abendmahlzeit: Gemüsesuppe, 1 Knäckebrot (nicht nach 19 Uhr).

Genußmittel: keine.

Für Stufe 1 und 2 gilt: Nach wie vor reichlich trinken, bevorzugt kalorienarme Getränke (Wasser, ungesüßte Kräuter-/Früchtetees), in Maßen: 100%ige Obst- oder Gemüsesäfte, 1:1 mit Wasser gemischt. Im übrigen tagsüber immer wieder einmal ausruhen, entspannen, bewegen, häufig die frische Luft aufsuchen, Reizüberflutungen, anstrengende Arbeiten und Gespräche meiden.

✯ Stufe 1

Solltest Du zur Zeit keine besonderen Umstellungsprobleme (z. B. im Magen-/Darmbereich) haben, so nimmst Du ab heute an der üblichen Kost teil, die Portionen mögen anfangs jedoch nur die Hälfte der üblichen betragen. Fleischiges, Fettreiches, Gesüßtes und Gesalzenes ist noch sparsam zu konsumieren. Sollte Dir am heutigen Sonntag nachmittag Kuchen angeboten werden, so wirst Du statt der möglicherweise gewohnten 2–3 Stücke nur eines zu Dir nehmen. Jeder Tag, an dem Du auf Alkohol und Nikotin verzichtest, ist ein Gewinn für Körper und Seele. Solltest Du heute nicht anders können, so beschränke den Konsum auf max. 1 Glas Wein oder 1 Flasche Bier, max. 5 Zigaretten (max. 3 Tassen Kaffee/schwarzer Tee).

✯ Stufe 2

Wer in den sieben Tagen der Askese die Stufe 2 gewählt hat, der sollte sich auch heute noch sehr behutsam und in kleinen Schritten an das Alltagsleben herantasten.

Frühstück: Kräutertee. Kräuterquark (zirka 50 g), 1 Scheibe Vollkornbrot, dazu je nach Vorliebe: Möhre/Gurke/Tomate/Radieschen.
Alternative: Magerquark (50–100 g), dazu Vollkornhaferflocken (oder gekeimtes Getreide), bei Bedarf mit ein wenig Honig (Zucker) süßen.

Zwischenmahlzeit: 1 Apfel (oder eine kleine Banane).

Mittagsmahlzeit: Pellkartoffeln, Salat, Möhrengemüse.

Zwischenmahlzeit: 1 Naturjoghurt (evtl. mit Leinsamen) – nach Möglichkeit ungesüßt.

Abendmahlzeit: Getreide-/Gemüse-Suppe.
Alternative: Vollkornbrot mit Kräuterquark oder sparsam aufgetragener Butter, eine kleine Portion rohes Gemüse (nicht nach 19 Uhr).

Genußmittel: nach Möglichkeit keine, ansonsten max. 3 Zigaretten auf den Tag verteilt, max. 1/2 Glas Wein oder 1/2 Flasche Bier, max. 1 Tasse Kaffee/schwarzer Tee (nicht nach 15 Uhr).

Für Stufe 1 und 2 gilt: reichlich trinken (siehe Vortag).

Im übrigen immer wieder ausruhen, entspannen, bewegen, häufig die frische Luft aufsuchen, z. B. Wälder oder Felder, Reizüberflutungen meiden.

Der dritte Übergangstag (Montag)

Sei am Montag auch etwas zurückhaltend. Das gilt sowohl für das Essen, für Genußmittel als auch für die allgemeine Lebensführung. Du wirst die Dinge langsam angehen. Arbeit, die eine Woche liegenblieb, kann dies auch noch einen weiteren Tag. Kein Problem für Dich, denn in den kommenden Wochen wirst Du wesentlich leistungsfähiger sein als zuvor.

✯ Stufe 1

Normalkost – jedoch behutsam steigern und möglichst auch in Zukunft weniger Fleisch, Zucker, Salz, Genußmittel konsumieren (siehe auch Kapitel 'gesunde Ernährung').

✯ Stufe 2

Heute noch überwiegend pflanzliche Kost, dazu in kleinen Mengen Milchprodukte (wie Milch, Magerquark, Joghurt, Butter, Käse) zu sich nehmen. Mit Fleisch, Fett, Zucker, Salz, Genußmitteln heute und auch in Zukunft sparsam umgehen. Alkohol möglichst nicht vor dem nächsten Wochenende, ansonsten max. 1 Glas Wein oder 1 Flasche Bier, Zigaretten: max. 5, Kaffee/schwarzer Tee: max. 3 Tassen.

Die Zeit danach

365 Tage für Leib und Seele

Stufe 1

Du hast nun erfahren, wie gut es tut, sich eine Zeitlang der reizüberfluteten Welt zu entziehen. Die positive Wirkung wird voraussichtlich einige Monate anhalten, dann magst Du die nächste Sieben-Tage-Askese in die Wege leiten. Du kannst aber auch im Alltag einiges dafür tun, daß Krankheit, Streß und Sucht keine Chance mehr bekommen, indem Du einige Elemente der Askesetage weiterhin beherzigst (siehe »Übersicht«).

In diesem Fall wirst Du von heute an darauf achten, wenig Süßes, Gesalzenes, Fettreiches, Fleischiges zu Dir zu nehmen, statt dessen um so mehr Gemüse, Salate, Obst, Vollkornkost. Du wirst mehr trinken als zuvor, überwiegend Quell-/Mineralwasser oder auch ungesüßte Kräutertees, im übrigen in Maßen 1:1 mit Wasser verdünnte Gemüse- und Obstsäfte (siehe auch Kapitel »gesunde Ernährung« sowie »Eßsucht/ Übergewicht«).

Vermutlich bist Du im Verlaufe der sieben Tage um etwa 2 bis 4 Kilo leichter geworden (je nach Stufe und früheren Eßgewohnheiten). Nun bietet sich Dir die Chance, daß diesen Zustand zu erhalten bzw. von Monat zu Monat zu verbessern. Noch ist Dein Magen auf kleine Portionen eingestellt. Der Gedanke, daß übermäßiges Essen und der übermäßige Konsum von Genußmitteln mit Frust, Streß, Kummer und Angst einhergehen, dürfte Dir mittlerweile nicht mehr fremd sein. Wenn Du von heute an verstärkt auf Deine seelischen Bedürfnisse achtest, wirst Du das große Essen nicht mehr brauchen. Keine Diät der Welt kann Dir auf Dauer weiterhelfen, wenn Du Dein Seelenleben nicht in den Griff bekommst. Vor allem achte darauf, den wertvollsten Teil Deiner Freizeit nicht vor dem Fernseher zu vergeuden. Sicher gibt es da noch manches andere, was Dir Spaß und Freude bereiten könnte. Auch das Lesen eines Buches, das gemütliche Zusammensein mit Freunden und insbesondere jede Form von Bewegung und Sport ist dem passiven Fernsehen in jeder Hinsicht überlegen.

Übersicht

365 Tage für Leib und Seele, Stufe 1

* gesunde Ernährung
* wenig Zucker, Salz, Fett, Fleisch
* reichlich Gemüse, Salat, Obst, Vollkornprodukte
* Milcherzeugnisse in Maßen
* reichlich trinken (1–2 Liter täglich, möglichst kalorienarm und ungesüßt)
* maximal 2–3mal in der Woche ein Schlemmeressen (z. B. am Wochenende)
* maximal jeweils 1 Flasche Bier oder 1 Glas Wein täglich (bzw. am Wochenende maximal 2 Flaschen Bier, 2 Glas Wein täglich)
* maximal 5 Zigaretten am Tag
* maximal 2–3mal in der Woche jeweils 1 Stück Kuchen, 1/2 Tafel Schokolade, 100 g Chips und ähnliches
* Tabletten nur im Notfall – zuvor möglichst mehr als einen Arzt konsultieren
* maximal 2–4 Tassen Kaffee täglich
* ausgiebig bewegen, Sport treiben, mindestens. 20 Minuten täglich
* regelmäßig an die frische Luft gehen
* Entspannungsübungen bei Bedarf
* Ein fernsehfreier Tag in der Woche
* nicht mehr als 1 Spielfilm, 1 Sendung täglich
* große Kaufhäuser maximal einmal im Monat aufsuchen
* Restaurant/Kantinen/Imbißessen maximal einmal in der Woche
* 1 –3mal im Jahr die Sieben-Tage-Askese durchführen
* die Einsichten und Empfehlungen im blauen Heft einmal im Monat in Erinnerung rufen
* 1–2 Einkehr- und Fastentage im Monat (je nach Vorliebe: Wasser/ Tee/ Gemüse/Reistag(e) bzw. 1 Einkehr- und Fastenwochenende.

Stufe 2

Stufe 2 ist gedacht für solche Menschen, die sich durch eine überdurchschnittliche Sensibilität auszeichnen, die die Schönheiten, aber auch die Grausamkeiten dieser Welt intensiver wahrnehmen und somit auch anfälliger sind für immer wiederkehrende Krankheiten, Süchte, Depressionen, Streß. Wer dieser Gruppe angehört, muß mehr für sich tun, und sei es zunächst nur für ein Jahr. Sollten wir uns dann gelockert haben, was zu erwarten ist, so mögen wir auch das Programm lockern und auf Stufe 1 zurückgehen. Es dürfte der Tag nicht fern sein, an dem wir keiner Hinweise, Ratschläge, Ärzte, Psychologen, Therapeuten mehr bedürfen.

Aber vor den Erfolg haben die Götter den Schweiß gesetzt, d. h. in unserem Fall nicht, mehr tun zu müssen als zuvor, sondern im Gegenteil, vieles nicht mehr zu tun, was uns bisher zur Gewohnheit geworden ist. Das dürfte zunächst schwerfallen, aber bereits innerhalb einiger Wochen wirst Du Dich daran gewöhnt haben. Und wenn Du heute nicht damit beginnst, wann dann?

So solltest Du, falls Du Dich für die Höchststufe dieses Programms entschieden hast, bald dafür Sorge tragen, ein eigenes Zimmer zu beziehen. Angenommen, Du lebst, wie die Mehrzahl der Erwachsenen, mit einem Partner des anderen Geschlechts unter einem Dach und teilst mit ihm das Schlafzimmer und möglicherweise auch das gleiche Bett. Das ist an und für sich alles andere als verkehrt und dürfte gerade in den ersten Jahren einer Partnerschaft beiden ein Gefühl der Geborgenheit und Wärme vermitteln. Aber ebenso natürlich und weitverbreitet ist, daß die große Leidenschaft und auch der Wunsch nach ständiger Nähe, wenn nicht bei beiden, so doch zumindest bei einem der Partner mit der Zeit nachlassen. Auch gibt es nicht eine einzige Partnerschaft ohne ernsthafte Konflikte. Und falls Du zur Zeit in besonderem Maße krankheitsanfällig, gestreßt und empfindsam bist, so mag auch das ein Zeichen dafür sein, daß Eure Partnerschaft nicht so ist, wie Ihr Euch das in Kinder- und Märchenzeiten einmal ausgemalt habt.

Du wirst eher Deinen spezifischen Bedürfnissen gerecht werden können, wenn Du Dein eigenes Reich, Deine eigene Höhle, Deine Insel weißt, auf die Du Dich zurückziehen kannst, die Du nach Deinem Geschmack einrichtest. Das muß nicht das Ende von Zärtlichkeit und Sexualität zur Folge haben, im Gegenteil: Es ist das Fremde, das uns anzieht. Wer sich rar macht, wird begehrenswerter (vergl. Kapitel 4).

Auch die Großstadt mit ihrem Zuviel an Reizen, Lärm, schlechter Luft, Enge, Kriminalität ist Gift für Deine empfindsame Seele. Wer die Möglichkeit hat, der sollte in ein Haus mit Garten in einem ruhigen Randgebiet der Stadt ziehen oder besser noch an den Rand einer Kleinstadt, am allerbesten jedoch in ein Haus mit großem Grundstück auf dem Lande. Das Haus selbst muß weder groß noch neu sein.

Auf längere Sicht ist das Abzahlen eines Hauses billiger als das lebenslange Zahlen von Miete. Körper, Geist und Seele werden es Dir danken, und wenn Du Kinder hast, so gibt es für diese keine günstigeren Entwicklungsbedingungen als saubere Luft und viel Platz.

Nicht jedem ist es möglich, seinen Beruf auf dem Lande auszuüben, und wer für das ländliche Wohnen täglich mehr als 60 Minuten (eine Richtung) mit dem Auto zur Rushhour unterwegs sein muß, der hat den Teufel mit dem Beelzebub ausgetrieben und zumindest für sich selbst wenig gewonnen (für die Kinder möglicherweise und den zu Hause weilenden Partner allerdings sehr wohl). Sollte sich demnach eine Wohnortänderung schwerlich mit Deinem Beruf vereinbaren lassen, so denke darüber nach, eventuell den Beruf zu wechseln, auch wenn dies mit einer Gehaltsminderung verbunden sein sollte. Grundstücke auf dem Lande sind um ein Wesentliches günstiger, und da die täglichen Verführungen und Ersatzbefriedigungen der Großstadt wegfielen, wären auch die allgemeinen Lebenskosten deutlich niedriger. Vielleicht ist Dein bisheriger Beruf ohnehin der Haupt- oder Mitverursacher Deines Stresses und Deiner Erkrankungen.

Übersicht

365 Tage für Leib und Seele, Stufe 2

* gesunde Ernährung
* wenig Zucker, Salz, Fett, Fleisch
* reichlich Obst, Gemüse, Salat, Vollkornbrot, Magerquark
* reichlich trinken (zirka 2 Liter täglich), bevorzugt Quell-/Mineralwasser (natriumarm)
* maximal einmal in der Woche 1 Schlemmeressen
* maximal 1–2 Flaschen Bier oder 1–2 Glas Wein jeweils am Freitag und Samstag (oder Samstag und Sonntag)
* keine Zigaretten
* maximal zweimal in der Woche Süßes oder Salzgebäck in kleinen Portionen (z. B. am Wochenende)
* Tabletten, vor allem Schmerz- und Beruhigungsmittel, nach Möglichkeit meiden
* maximal 1–2 Tassen Kaffee/schwarzer Tee (bis 15 Uhr)
* Sport treiben, mindestens 2 x 10 Minuten täglich
* regelmäßig an die frische Luft gehen, mindestens 30 Minuten täglich, am Wochenende mindestens 120 Minuten täglich
* Entspannungsübungen
* 2 – 3 fernsehfreie Tage in der Woche
* täglich maximal 90 Minuten fernsehen
* Großstädte meiden
* große Kaufhäuser maximal einmal in 3 Monaten aufsuchen
* Restaurantbesuche maximal einmal im Monat
* frühzeitig zu Bett (maximal einmal im Monat bis spät in die Nacht feiern)
* die Einsichten und Empfehlungen im blauen Heft einmal in der Woche in Erinnerung rufen
* Autofahrten radikal einschränken
* ein Zimmer für sich alleine beziehen
* dreimal im Jahr die Sieben-Tage-Askese durchführen
* einen Einkehr- und Fastentag in der Woche (nur Wasser)

Seit tierischen und urmenschlichen Zeiten sind wir darauf programmiert, bei Gefahr/Angst/Streß/Wut anzugreifen (Bewegung und Anspannung) oder zu fliehen (Bewegung und Entspannung). Tun wir weder das eine noch das andere, verstärken sich Angst/Streß/Wut. Geschieht dies zu oft, werden wir depressiv, krank, süchtig.

Es geht demnach weniger darum, welche Entspannungsmethode und welche Sportart die beste sei. Wichtig ist, daß wir überhaupt etwas tun: uns entspannen und bewegen, und das täglich, denn die moderne Arbeitswelt gewährleistet beides nur in sehr unzureichendem Maße.

Kein Anlaß zur Sorge besteht für diejenigen unter uns, die nach wiederholten Anläufen mit den bekannten Methoden wie Autogenes Training, Yoga, Meditation und dergleichen zu der Einsicht gelangen: Das lern‹ ich nie. Es gibt keine Methode, die für jeden gleichermaßen geeignet ist. Empfehlenswert ist es, alle bekannten und weniger bekannten Angebote einmal auszuprobieren, kennenzulernen, ohne Zwang und Leistungsdruck. Die Volkshochschulen bieten Entsprechendes regelmäßig an. Die Wahrscheinlichkeit ist groß, daß zumindest einzelne Übungsteile bzw. Anregungen in Deinen Alltag einfließen werden. Am Ende dieser Testphase sollte ein Programm stehen, das ganz auf Dich, Deine Bedürfnisse und Vorlieben abgestimmt ist.

Gezielte Entspannungsübungen benötigst Du ohnehin nur in schlechten Zeiten, dann, wenn Du verspannt, gehetzt, krank, traurig bist. In dem Maße, in dem Du im Laufe der nächsten Monate und Jahre mehr und mehr zu einer neuen Lebensweise findest und lernst, frühzeitig auf die Signale Deines Körpers zu achten, wirst Du sämtliche der so lautstark angepriesenen Entspannungsmethoden vergessen können. Du wirst sie einfach nicht mehr nötig haben, denn sie werden Dir in Fleisch und Blut übergegangen sein. Wer sich fragt, was denn nun wichtiger sei: Entspannung oder Bewegung, dem sei gesagt: im Zweifelsfall letzteres, denn, wer sich viel bewegt (zweckfrei und möglichst an der frischen Luft), entspannt sich automatisch. Günstig ist, Bewegungs- und Entspannungsübungen aufeinanderfolgen zu lassen.

Die Fünf-Minuten-Entspannung

Nachstehend eine einfache Entspannungsübung, die Du jederzeit im Alltag zwischendurch ausführen kannst, geeignet auch vor stressigen Terminen, vor dem Schlafengehen, beim Aufwachen in der Nacht.

1. Sorge für einen stillen Ort.

2. Lege Dich hin, strecke alle Glieder gelöst von Dir (sollte Dir die Sitzposition angenehmer sein, so setze Dich locker auf einen Stuhl, Rücken gerade, aber nicht übertrieben, Kopf ein wenig nach vorne gebeugt, Unterarme auf den Oberschenkeln liegend).

3. Schließe die Augen.

4. Entspanne Gesicht und Kinn (Zähne nicht aufeinander).

5. Achte auf nichts anderes als Deinen Atem. Versuche nicht, den Atemrhythmus zu beeinflussen, z.B.zu verlangsamen. Das geschieht von ganz alleine.

6. Zähle nun in Gedanken Deine Atemzüge, jeweils von 1 – 10 (einatmen: 1, ausamten: 2, einatmen: 3 und so fort). Bist Du bei 10 angelangt, beginne wieder mit 1.

7. Sollten Dir Gedanken dazwischenfunken, so unterbreche das Zählen und beginne von vorne.

Du beendest die Übung, wenn Du das Gefühl hast, es ist genug. Bald wirst Du in der Lage sein, mit Hilfe dieser einfachen Übung mitten im Trubel des Alltags für einige Minuten sämtliche Gedanken auszuschalten und dadurch eine kurzfristige Tiefenentspannung zu erreichen. Inwieweit Dir die eben beschriebene Fünf-Minuten-Entspannung hilft, Dich zu lockern und zu lösen, kannst Du ganz einfach nachprüfen, indem Du vorher und nachher Puls und/oder Atemzüge mißt. Du wirst feststellen, daß Puls und Atem ruhiger geworden sind und somit auch Körper, Geist und Seele. Das ganze Geheimnis ist, nichts zu tun, als den Körper zu beobachten. Die ist auch der Grundgedanke des chinesischen Tao.

Der Arm ist schwer

Ähnlich verhält es sich mit der Ausgangsübung des Autogenen Trainings:

1. Lege oder setze Dich entspannt hin.

2. Achte auf nichts anderes als auf einen bestimmten Teil Deines Körpers, am besten den rechten Arm.

3. In Gedanken sagst Du: Mein rechter Arm ist schwer.

4. Diesen Satz wiederhole immer wieder, etwa 5–10 Minuten lang.

5. Mit der Zeit wirst Du das Gefühl der Schwere auch körperlich empfinden.

6. Spreche nun wieder die Formel: Mein rechter Arm ist schwer. Wiederhole diesen Satz einige Male (2–3 Minuten), dann sage: Mein rechter Arm ist warm. Auch diesen Satz wiederhole einige Male.

7. Die Chancen stehen gut, daß bei regelmäßigem Üben, nach einigen Tagen, das wohlige, entspannte Gefühl von Schwere und Wärme auf die übrigen Teile des Körpers übergeht und im Gefolge auch auf Geist und Seele.

Solltest Du die Erfahrung machen, daß Alltagssorgen allzuoft dazwischendrängen, ist es empfehlenswert, Dich vor der Entspannungsübung erst einmal körperlich abzureagieren, z. B. durch das Eine-Minute-Treppentraining (siehe Seite 86).

Sieben Wolken

Im folgenden eine Übung, die Bewegung und Entspannung miteinander verbindet und uns in den wohligen Zustand eines Embryos und Säuglings zurückversetzt.

1. Lege Dich mit dem Rücken auf eine weiche Unterlage (Bett, Teppich, Sand, Wiese).

2. Ziehe die Knie an, lege den rechten Fuß mit dessen Ferse auf den oberen Teil des linken Fußes, umfasse den rechten Fuß mit Deiner rechten Hand.

3. Greife nun mit der linken Hand unter die beiden Füße, bis sich linke und rechte Hand begegnen und sich umschließen (Du hast nun das Gefühl, wie ein Paket verschnürt, wie ein Embryo zusammengerollt zu sein).

4. Beginne nun, Dich nach vorne und hinten zu bewegen (Oberkörper aufrichten, dann wieder flach auf die Unterlage zurückfallen lassen – wie eine Schaukel, am Anfang so heftig, wie Dir der Sinn steht, das einige Minuten lang, ruhiger und langsamer wird das Schaukeln von selbst).

5. Nun schaukele von einer Seite zur anderen (von rechts nach links), zuerst heftig, dann langsamer.

6. Sage Dir in Gedanken immer wieder die Worte: »Sieben Wolken« (sie – dabei einatmen, ben – dabei ausamten, Wol – dabei einatmen, ken – dabei ausatmen), während Du mit langsamen Schaukelbewegungen fortfährst. Der Rhythmus Deiner Bewegungen wird sich dem Rhythmus des Atems und der Worte anpassen.

7. Nach einer Weile löst Du die Verknotung. Lege Dich flach auf die Unterkante, Arme und Beine von Dir gestreckt. Sprich weiterhin in Gedanken die Formel, das einige Minuten, bis Du am Ende völlig entspannt und gelöst daliegst.

Das ständige Wiederholen der immer gleichen Worte soll Dich daran hindern, gleichzeitig über Kummer, Sorgen und Verpflichtungen nachzudenken. Wer nicht mehr nachdenkt, entspannt von selbst. Wer entspannt ist, fühlt keine Angst, keinen Streß, keine Sorgen. Wer regelmäßig entspannt, beugt Krankheiten vor.

Diese Übung kann man auch als reine Entspannungsübung, ohne Bewegungselemente, durchführen, indem man sich locker hinlegt oder hinsetzt, im Geiste die Formel (»Sieben Wolken«) spricht und dabei auf den Gleichklang von Silben und Atmung achtet.

Wer dieses regelmäßig übt, z. B. 3mal täglich einige Minuten lang, dem dürfte es gelingen, nach einigen Wochen bei dem bloßen Gedanken an die Formel augenblicklich zu entspannen.

Du kannst den erzielten Effekt nachprüfen, indem Du vorher und nachher Puls und/oder Atemzüge zählst. Bald wirst Du es fertigbringen, Deine Atemzüge z. B. von 16 in der Minute auf 8 herunterzufahren, und in dem Maße, in dem sich die Atmung beruhigt, kommen auch Körper und Seele zur Ruhe. Die beiden Worte «Sieben Wolken« mögen auch erweitert werden zu einem Satz: »Sieben Wolken ziehn vorüber« (Sie – einatmen, ben – ausatmen, Wol – ein, ken – aus, ziehn – ein, vo – aus, rü – ein, ber – aus).

Bewegung

Nach dem Essen sollst Du ruhn oder tausend Schritte tun. Dieses alte Sprichwort rufe Dir von nun an immer wieder ins Gedächtnis – so einfach, und doch so wirkungsvoll. Beides entspannt und entstreßt und hilft Krankheiten vorzubeugen: ruhen und bewegen, Flucht oder Angriff. Was wir mit der Sieben-Tage-Askese für Leib und Seele zu bezwecken suchten: ein vorübergehendes Zurückziehen, um im Anschluß gestärkt und gelöst für den Kampf des Lebens zu sein, das sollten wir täglich im Kleinen üben, z. B. mittags. Die meisten Menschen haben in dieser Zeit ein natürliches Leistungstief. Statt sich diesem hinzugeben, verspeisen sie ein üppiges Mahl, fühlen sich dann um so abgeschlagener, rauchen, um dem entgegenzuwirken, einige Zigaretten oder trinken Kaffee oder essen noch schnell einen süßen Riegel, was ihnen für kurze Zeit trügerische Energie verschafft. So versuchen sie, ihren Körper auszutricksen, dem der Sinn eigentlich nach etwas ganz anderem steht.

Wer auf Dauer keine Rücksicht auf das mittägliche Bedürfnis nach Ruhe und/oder Bewegung nimmt, wird früher oder später mit einem Mehr an Streß, Krankheit und Übergewicht bestraft.

Zieh Dich in der Mittagszeit zurück, 30 Minuten oder 60, je nachdem, wie sich das mit den beruflichen und privaten Verpflichtungen in Einklang bringen läßt. Suche die Einsamkeit auf, sei ein Asket für eine Stunde, lege Dich für eine Weile hin, wenn Dir der Sinn danach steht, besser noch: Laufe hinaus in die Natur, den Park. Iß möglichst wenig. Obst oder Salate, eine Portion Quark oder Joghurt, ein Butterbrot wären anzuraten. Trinke reichlich, vorzugsweise Quell- oder Mineralwasser, und Du wirst am Nachmittag auf natürliche Weise fit.

Solltest Du zu Hause sein bzw. selbständig arbeiten oder arbeitsfreie Tage verbringen, bietet sich die Mittagszeit an für einen längeren Spaziergang, eine Radtour und dergleichen. Regenwetter sollte Dir keinen Vorwand bieten, Dich zu drücken: Fenster auf, Gymnastik oder das Eine-Minute-Treppentraining (vergl. S. 86).

Sicher sind Dir die zahlreichen Sportarten, die von Gesundheitsexperten empfohlen werden, vertraut, z. B.: Laufen – Wandern – Radfahren – Schwimmen

– Fußballspielen – Basketball – Tennis – Skilanglauf – Bergsteigen – Tischtennis – Rudern – Aerobic – Gymnastik ... Diese und vergleichbare Sportarten haben alle ihre guten Seiten. Im Grunde genommen kommt es darauf an, sich überhaupt zu bewegen und das oft und täglich, und zwar möglichst alle Teile des Körpers. Von daher ist es wichtig, nicht einseitig stets die gleiche Sportart auszuüben. Wer beispielsweise überwiegend Fußball spielt oder radfährt, sollte zum Ausgleich eine Sportart hinzuziehen, bei der verstärkt die Arme beansprucht werden, z. B. Schwimmen, Rudern, Tischtennis. Yoga verbindet in nahezu idealer Weise Bewegung, Meditation, Entspannung.

Da alles, was der gesunden Lebensführung dienen soll, um so wirksamer ist, je mehr Spaß es bereitet, werden nachfolgend noch einige Vorschläge für eine gesunde Art der Bewegung angeführt, die wirkungsvoll und lustbetont in einem und in der entsprechenden Literatur nur selten anzufinden sind: Gartenarbeit – Tanzen – Toben mit Kindern und Tieren – Sexualität.

Gartenarbeit ist gesund und nützlich zugleich, und wer seinen Garten und die Natur liebt, hat auch Spaß dabei. Im übrigen sorgt man für selbst herangezüchtetes, schadstoffarmes Obst und Gemüse und schlägt so zwei Fliegen mit einer Klappe. Man möge darauf achten, als Ausgleich für die einseitige Beanspruchung des Rückens, Stellung und Tätigkeit mehrmals zu wechseln und Ausgleichsübungen, die man in Gymnastik- und Yogakursen erlernen kann, vorzunehmen. Oft ist es ratsam, in die Hocke zu gehen, statt mit gekrümmtem Rücken zu arbeiten. Ein Gartenteich trägt mit zur Entspannung der Familienmitglieder bei.

Tanzen, vor allem ausgelassenes Tanzen, ist in seiner Wirkung kaum zu übertreffen, wenn es darum geht, vielseitige Bewegung mit Lust und Spaß zu verbinden. Traurigerweise tanzen die meisten Menschen nur in der Zeit ihrer Partnersuche. Haben sie ihren Gefährten gefunden, begnügen sie sich meist damit, den Freitag- und Samstagabend mit Bier, Chips und Schokolade vor dem Fernseher zu verbringen. Das macht nicht nur dick, es frustriert auch. Wem es in der Disco zu laut und zu verraucht ist, dem sei nahegelegt, es einmal zu Hause zu probieren: Vorhang zu (bei gedämpftem Licht findet man eher den Mut, sich gehenzulassen), Musik an und los geht‹s mit Partner oder Freunden oder Kindern oder alleine. Dreh Deine Lieblingsmusik so laut auf, wie es für Dich angenehm ist (laute Musik versetzt Dich eher in einen rauschhaften Zustand. Lärmschäden sind in Verbindung mit intensivem Körpereinsatz kaum zu erwarten). Tu es, solange Du Spaß daran hast. Oft genügen bereits 10 Minuten, um Dich in eine andere Welt zu versetzen.

Aerobic ist sozusagen gezähmtes, geregeltes Tanzen, immerhin amüsanter als trockene Gymnastik, vermag jedoch die Wirkungen des völlig freien Austobens bei Deiner Lieblingsmusik nicht zu ersetzen.

Toben mit Kindern und Tieren ist ein Jungbrunnen für die Erwachsenen und gibt den Kindern und Tieren mehr als jedes teure Spielzeug. Es gibt nichts, was kleine Kinder lieber machen, als mit Mami oder Papi ausgelassen zu balgen und zu spielen. Auch bei unseren nächsten tierischen Verwandten, den Schimpansen, kann man immer wieder beobachten, wie die Kleinen sich stets aufs neue etwas einfallen lassen, um die Großen aus ihrer Geruhsamkeit und ihrem Gleichmut herauszureißen. Geh in den Tiergarten, schau den kleinen Affen, den Löwenkindern, den Wolfstöchtern und Wolfssöhnen zu und tu es ihnen nach. Wer einen Hund sein eigen nennt, ist erfreulicherweise gezwungen, auch bei schlechtem Wetter hinauszugehen. Das gefällt dem Tier an Deiner Seite und dem Tier in Dir. Mit Hunden kann man toben wie mit Kindern. Es gibt Hunde, die spielen für ihr Leben gern Fußball. Wer ein Pferd besitzt, weiß ebenso Bewegung, Natur und frische Luft in genußvoller Weise zu vereinen.

Daß ***Sexualität*** Spaß und Bewegung mit anschließender Tiefenentspannung wollüstig verbindet, wirst Du vermutlich bereits manchesmal erlebt haben. Das Schöne – und gleichzeitig der Haken – dabei ist allerdings, daß man zwei dazu braucht. Denn im Alltag ist es eher die Regel als die Ausnahme, daß der eine will und der andere nicht. So sei Sex zu unserem Zwecke zwar sehr empfehlenswert, da jedoch nicht planbar, muß es dem Glück und Zufall überlassen bleiben.

Solltest Du bisher nicht regelmäßig Sport getrieben haben und auch an ausgiebige Waldspaziergänge nicht gewohnt sein, so steigere Dauer und Intensität Deiner Übungen ganz allmählich. Muskelkater, Sehnenscheidenentzündungen, Verzerrungen und dergleichen müssen nicht sein und sind oft Folge eines übertriebenen Ehrgeizes. Du tust Dir keinen Gefallen, wenn Du Dir die Leistungssportler von Funk und Fernsehen zum Vorbild nimmst. Das sind nicht selten mit Medikamten vollgestopfte Leistungsmaschinen, die in der Regel früher oder später für ihre Sucht, die Nr. 1 werden zu wollen, bitter bezahlen müssen.

Da Du keine Medaillen, sondern Gesundheit und Wohlbefinden anstrebst, wäre Dein Ziel, möglichst jeden Tag einmal außer Puste zu gelangen. Seele und Körper werden es Dir danken, allen voran das Herz, das bei einem Sesselsitzer etwa 70mal in der Minute schlägt, jedoch bei einem Durchtrainierten auf etwa 60 Schläge im Ruhestadium sinkt und somit eine längere Lebensdauer zu erwarten hat. Durch regelmäßiges, kurzfristiges Hochjagen des Herzens wird es längerfristig geschont. Auch der Blutdruck normalisiert sich bei solcher Art des körperlichen Trainings, wodurch Herzinfarkt, Schlaganfall, Kreislaufbeschwerden, Rheuma vorgebeugt, Ängsten, Schlaflosigkeit, Depression entgegengewirkt, Entstehung von Krebs erschwert und die Sauerstoffzufuhr beim Asthmatiker verbessert werden. Schlank macht es obendrein.

Wenn Du das nächste Mal Frust, Wut, Ärger, Zorn verspürst und es Dich zu Deiner Zigarette, dem Schokoriegel, Deinem Glas Wein, der TV-Fernbedienung zieht, sage: Halt! Geh hinaus und laufe um Dein Leben, oder verausgabe Dich beim Eine-Minute-Treppentrainig.

Das Eine-Minute-Treppentraining

Es dürfte keine einfachere und gesündere Methode geben, den Körper in nur einer Minute in Hochform zu bringen, ohne das Haus verlassen zu müssen, als diese:

Laufe dreimal hintereinander so schnell Du kannst eine Treppe, die zwei Stockwerke umfaßt hoch und hinunter. Das dauert etwa eine Minute und ist auch bei Regen und Kälte sowie bei absolutem Zeitmangel möglich.

Wer sehr im Streß ist und sich im Alltag wenig bewegt, dem sei geraten, dieses Treppentraining dreimal täglich durchzuführen. Wer ungeübt oder übergewichtig ist, sollte in den ersten Tagen vorsichtig sein.

Um die erstaunliche Wirkung dieser Kurzzeitübung zu testen, überprüfe man vor und nachher Puls oder/und Atemzüge. Eine Steigerung z. B. der Atemfrequenz von 8 auf 30 in der Minute ist durchaus möglich und bewirkt u. a. eine erhöhte Sauerstoffzufuhr im Gehirn, bessere Durchblutung, Entspannung, Wohlgefühl.

Empfehlungen zur gesunden Ernährung

weniger empfehlenswert	bedingt empfehlenswert	besonders empfehlenswert
(jedoch weitgehend unbedenklich in kleinen Mengen und bei nicht regelmäßigem Konsum)	(in kleinen Mengen)	
Konservenobst	Bananen (1)	frisches Obst aus regionalem Anbau
Trockenobst (3):	Ananas	
Rosinen	Zitronen	Äpfel (2)
Datteln	Grapefruit	Birnen
Feigen	Orangen	Erdbeeren
	Kirschen	Himbeeren
(unreife Stachel-	Trauben	Brombeeren
beeren – giftig!)	Pflaumen	Johannisbeeren
	Kiwis	
	Mangos	Melonen
	Pfirsiche	
	Aprikosen	
Mixed Pickles		frisches Gemüse
Dosensuppen		aus regionalem Anbau (4)
(grüne Tomaten –		Möhren
giftig!)	Endiviensalat (4)	Gurken
	Kopfsalat (4)	Tomaten
	Feldsalat (4)	Paprika
	Rettich (4)	Kohlrabi
		Zwiebeln
	Spinat (4)	Grünkohl
	Radieschen (4)	Weißkohl
	Zucchini	Rotkohl
	Artischocken	Blumenkohl

weniger empfehlenswert	bedingt empfehlenswert	besonders empfehlenswert
	Oliven	Rosenkohl
	Rhabarber	Sauerkraut
	Pilze	Chicoree
		Chinakohl
		Bohnen
		Erbsen
		Linsen
		Schnittlauch
		Petersilie
		Kresse
		Knoblauch
Bratkartoffeln (5)	Salzkartoffeln (5)	Pellkartoffeln (5)
Pommes frites (5)		
(keimende Kartoffeln sind giftig!)		
Milchschnitten (6)	H-Milch	Frischmilch (in Maßen)
Milchschokolade (6)	Milchmixgetränke, industriell vorgefertigt	Buttermilch
Kondensmilch		Dickmilch
Sahne		
	Quark-/Joghurt-zubereitungen, industriell vorgefertigt (7)	Joghurt, natur (7)
		Quark, bis 20% F. (7)
		Kefir
		Käse, fettarm (8) (in Maßen) z.B. Emmentaler
	Kakaogetränke	
	Butter	
	Margarine, ungehärtet	
Schmelzkäse (8)	Käse, fettreich	
	Camembert	
	Sahnequark	
	Eier (9)	
Schweinefleisch		

weniger empfehlenswert	bedingt empfehlenswert	besonders empfehlenswert
Gans	Hähnchen (10)	
Ente		
Mettwurst		
Leberwurst	Lamm	
Blutwurst	Truthahn	
Salami	Truthenne	
Rindfleisch (10)		
Kalbfleisch (10)	Reh	
Fleischinnereien	Hirsch	
Schinken	Hase	
Hamburger	Wildschwein	
Imbißwürste		
Grillfleisch (11)		
Bratwurst		
Frikadelle		
Speck		
Thunfisch	Hochseefische,	
Krebs	fettarm (10)	
Hummer		
Muscheln	Kabeljau	
Kaviar	Schellfisch	
Forelle	Rotbarsch	
Makrele	Sprotte	
Dorsch	Seelachs	
Karpfen	Scholle	
Austern		
Aal		
Ölsardinen		
Fischstäbchen		

weniger empfehlenswert	bedingt empfehlenswert	besonders empfehlenswert
Kuchen	Weißbrot	Vollkornbrot
Plätzchen	Brötchen	
Teilchen	Baguette	Mehrkorn
Croissant		Roggen
Toastbrot	Cornflakes	Weizen
		gekeimtes Getreide
	Mais	Vollkornhaferflocken
	Nudeln	Frischkornbrei
	Reis (weiß)	Naturreis (14)
Pizza mit	Pizza, veget. (12)	Hirse
Fleisch/Fisch/	Frühlingsrolle,	Gerste
Wurstbeilage (12)	veget.	Dinkel
	Nüsse (13)	Grünkern
	Walnüsse	Sesamkörner
	Haselnüsse	Weizenkleie
Bittere Mandeln	Erdnüsse	Soja
(giftig!)	Mandeln	
Chips	Sonnenblumen-	
Salzstangen	kerne (13)	
Bonbons		
Pralinen		
Marmelade	Speiseeis	
Nuß-/Nugatcreme	Honig (16)	
Müsliriegel		
	Kaugummi (15)	
zuckerfreie		
Bonbons (17)		
Süßstoff (17)		
Weißzucker (18)		
Salz (19)		

weniger empfehlenswert	bedingt empfehlenswert	besonders empfehlenswert
Mayonnaise	Sonnenblumenöl	Sojasauce
Ketchup	Olivenöl	
	Distelöl	
scharfe Gewürze	Sojaöl	
Senf	Kokosfett	
Alkoholika (20)		
Kaffee	Getreidekaffee	Quellwasser (21)
schwarzer Tee		Mineralwasser (21)
		Leitungswasser (21)
Fruchtnektar	Fruchtsäfte, 100%,	
Fruchtsaftgetränke	verdünnt (21)	Kräutertee (21)
Limonade		Kamille
Cola	Pfefferminze	Fenchel
	Früchtetees (21)	Gemüsesäfte, verdünnt
Zigaretten		

Hinweise zur gesunden Ernährung

1 *Bananen*

* Zählen nicht zu den besonders empfehlenswerten Obstorten.
* Werden unreif gepflückt, haben einen langen Transportweg, sind sehr kalorienreich, weisen einen hohen Gehalt an Zucker auf, welcher an den Zähnen klebenbleibt.
* Sind geeignet für Ausdauersport.
* Ansonsten nicht oder nur in Maßen verzehren, im Anschluß daran an die Reinigung der Zähne denken.

2 *Äpfel*

* Zählen, wenn sorgfältig ausgewählt und gelagert, zu den gesündesten und bekömmlichsten Obstsorten.
* Frische Ernte im Herbst sowie unbehandelte Ware aus biologischem Anbau ohne längere Transportwege sind vorzuziehen.
* Optimal, wer Gelegenheit hat, sich seine Äpfel selbst zu züchten oder sich Pflückrechte auf dem Lande erkauft.
* Kerne nicht mitessen, enthalten Blausäure, die in geringen Mengen jedoch unbedenklich ist.
* Die Äpfel eine Weile kräftig mit trockenem Tuch abreiben, da sich u. a. Spuren von Bleigehalt an der Oberfläche befinden könnten.
* Äpfel nicht mehr am Abend verzehren (der Säure wegen), dies gilt auch für das Konsumieren von Obst im allgemeinen.

3 *Trockenobst*

* Rosinen, Datteln, Feigen und dergleichen sind nicht zu empfehlen, da sie einen ungewöhnlich hohen Zuckergehalt aufweisen, der sich an den Zähnen festsetzt.
* Rosinen sind beispielsweise 10mal süßer als das ohnehin bereits zu süße Cola.Zudem ist
* Trockenobst meist schwefelhaltig.

4 *Gemüse/Salat*

* Rettich, Spinat, rote Bete, Radieschen, Endivie, Feldsalat, Kopfsalat zeichnen sich durch einen *erhöhten* – Spargel, Rhabarber, Grün-Weiß-Rotkohl, Chinakohl, Kohlrabi, Blumenkohl, Sellerie, Zucchini, Auberginen, Möhren – durch einen *etwas erhöhten* Nitratwert aus.
* Obengenannte Gemüsesorten sind im allgemeinen für Erwachsene unbedenklich, sollten jedoch zur Säuglingsnahrung nicht oder nur in geringen Mengen verwendet werden.
* Wer Gemüse nicht roh verzehren möchte, der ziehe das Garen oder Dünsten dem Kochen vor.
* Gemüse und Salate gründlich waschen und, wo möglich, die äußeren Blätter entfernen.
* Tiefkühlgemüse ist im Winter zu empfehlen.
* Gurken und Tomaten, die aus Ländern stammen, die bestrahlte und hochgezüchtete Massenware anbieten, möglichst meiden.

5 Kartoffeln

* Vorsicht bei keimenden Kartoffeln und solchen, die grüne Stellen aufweisen: die komplette Kartoffel fortwerfen.
* Frische Kartoffeln bevorzugen, möglichst ohne Salz und ohne Fett (oder in geringen Dosen) zubereiten.
* Bratkartoffeln und Pommes frites sind nährstoffarme und fett- und salzreiche Leckereien, die man sich getrost hin und wieder leisten sollte, jedoch nicht regelmäßig und nicht in großen Mengen.
* Vorsicht ist geboten an Imbißständen, besser man bereitet Pommes frites zu Hause zu.
* Im Zweifelsfalle ziehe man jedoch einem Fleischprodukt eine Portion Pommes frites an einer Imbißstube vor.

6 Milchschokolade

* Wer sich oder seinen Kindern gesunde Milch zukommen lassen will, der trinke sie frisch und pur, allerdings in begrenzten Mengen.
* Hauptbestandteil oben bezeichneter Produkte ist Zucker, deshalb ist auf die gründliche Reinigung der Zähne zu achten.

7 Quark/Joghurt

* Quark ist einer der gesündesten Fitmacher.
* Quark liefert Energie für 6 Stunden.
* Vorzuziehen ist Magerquark bzw. Fettgehalt bis zu 10/20 %.
* Quark und Joghurt möglichst in reiner Form kaufen, d. h. weiß und ohne Zucker oder konservierte Fruchtzusätze.
* Zu Hause sollte man die Zusätze selbst bestimmen, z. B. Honig (16), frisches Obst, Nüsse, Samen, Vollkornflocken etc.

8 Käse

* Käse ist im allgemeinen gesünder als Wurst, Fleisch und Marmelade.
* Vorzuziehen ist fettarmer und frischer Käse.
* Vorsicht ist geboten bei bestrahlter und mit Antibiotika behandelter Ware, im Zweifelsfall Produkte aus heimischer biologischer Produktion beziehen.
* Schmelzkäse weist u. a. einen zu hohen Fettgehalt auf.

9 Eier

* Die Mehrzahl der Eier entstammt sogenannten Legefabriken, in denen Hühner in engen Gefängniszellen unter Dauerstreß gehalten werden.
* Man bevorzuge Eier von freilebenden Hühnern.
* Eier kühlen, sie dürfen beim Verzehr nicht älter als drei Wochen sein.
* Eier nicht roh verzehren oder verarbeiten: Salmonellengefahr.
* Eier weisen einen hohen Cholesteringehalt auf.
* 2 Eier in der Woche sollten das Maximum sein.

10 Fleisch/Fisch

* Fleisch ist heutzutage von Medikamenten durchsetzt (u. a. mit Wachstumshormonen, Beruhigungsmitteln, Antibiotika, Beta-Blockern).
* Der Mensch ist auf Fleisch als Nährstofflieferanten nicht angewiesen.
* Da es sich jedoch um eine allgemein beliebte Leckerei handelt, kann man sie getrost wie Süßigkeiten oder Alkohol hin und wieder ohne schlechtes Gewissen zu sich nehmen.
* Fleisch nicht täglich und nicht in allzu großen Mengen verzehren.

* Lamm, Truthahn, Wild sind Kalb/Rind/Schweinefleisch vorzuziehen (ein Schweinebratwürstchen enthält 9 Teelöffel Fett).
* Bei Geflügel achte man darauf, daß es frisch und mager ist sowie gänzlich durchgekocht bzw. gebraten (Salmonellengefahr).
* Fisch ist eine leicht verderbliche Ware und stammt nicht selten aus verschmutzten Gewässern.
* Wer frischen Fisch an der Küste kauft und verbraucht, ist im Vorteil.
* Ansonsten sollte man Hochseefische vorziehen und aufgrund des hohen Jodgehaltes 1–2mal wöchentlich verzehren.

11 Grillfleisch

* Vorsicht ist geboten, wenn Fett in die Holzkohle tropft und daraus krebsfördernde Stoffe entstehen können, daher nur mit durchgeglühter Holzkohle und großzügigem Abstand, möglichst auf Alu-Folie, grillen.
* Gut eignen sich Grillgeräte mit seitlicher oder oben befindlicher Heizquelle.
* Angebranntes Grillgut nicht verzehren.

12 Pizza

* Pizza gehört nicht eben zu den gesündesten Mahlzeiten, denn die lange andauernde Backhitze zerstört die wertvollen Nährstoffe.
* Da Pizza zu den beliebtesten Nahrungszubereitungen zählt, kann man sie getrost hin und wieder konsumieren, auch hier kommt es auf die Menge und Häufigkeit an.
* Vegetarische Auflagen wie Zwiebeln, Tomaten, Oliven, Gemüse sind tierischen Produkten wie Salami, Thunfisch und dergleichen vorzuziehen.
* Vollkornpizza ist wohl gesünder, aber aus geschmacklichen Gründen vor allem bei Kindern nicht unbedingt beliebt.

13 Nüsse

* Nüsse sind gesünder als Süßigkeiten, aber u. a. sehr kalorien- und fettreich.
* Man sollte sie deshalb in kleinen Mengen verzehren, möglichst ohne Zusätze wie Salz, Zucker, Fett und in ungeschältem Zustand kaufen.
* Frische Nüsse aus heimischem Anbau (z. B. Hasel-/Walnuß) sind im allgemeinen unbelasteter.

* Eine Alternative stellen unbehandelte Sonnenblumenkerne dar, aber auch diese nicht in großen Mengen verzehren (Cadmium).

14 Reis

* Reis ist zu empfehlen, u. a. auch zur Reduzierung von Übergewicht und als reizarme Kost in Zeiten des Zurückziehens sowie bei empfindlichem Magen und empfindlicher Haut.
* Vorzuziehen ist ungeschälter Reis bzw. Vollkornreis (wenn weißer Reis, dann paraboiled).

15 Kaugummi

* Kaugummi eignet sich zum Reinigen der Zähne nach den Mahlzeiten, insbesondere nach dem Genuß von Süßigkeiten, wenn die Zahnbürste nicht zur Hand ist.
* Den Kaugummi etwa 20 Minuten bearbeiten, der so angeregte Speichelfluß beugt Karies vor.
* Nach Auskünften der Zahnmediziner macht es in diesem Fall keinen großen Unterschied, ob der Kaugummi Zucker oder Süßstoff enthält (vergl. 17/18).

16 Honig

* Ist vom Nährwert her gesünder als Zucker.
* Spendet reichlich Energie.
* Macht in Verbindung mit Quark fit für den Tag, insbesondere bei körperlichen und geistigen Höchstleistungen.
* Cremiger Honig sei flüssigem vorzuziehen, da letzterer hitzebehandelt ist.
* Da auch Honig die Zähne angreift und an ihnen haftet, sollten im Anschluß die Zähne gereinigt werden.
* Für die Zähne ist Honig bedenklicher als Zucker.

17 Süßstoff

* Er ist kalorienärmer und zahnschonender als Zucker.
* Kann jedoch aufgrund der künstlichen Inhaltsstoffe nicht zu den gesunden Lebensmitteln gerechnet werden.

* Wirkt bei häufigem Verzehr abführend.
* Könnte möglicherweise bei großen Mengen krebsfördernd sein.
* Das beste Süßungsmittel ist der Verzicht auf dasselbe.

18 Zucker

* Der Verzehr von Zucker im Übermaß ist eines der Hauptübel unserer Zivilisation.
* Zucker fördert u. a. Karies, Übergewicht, Suchtverhalten.
* Zucker ist Hauptbestandteil unzähliger Fertigprodukte, oftmals, ohne daß man es bemerkt. So ist er z. B. in Ketchup (Zucker mit Tomatengeschmack) oder Fertigkakao (Zucker mit Kakaogeschmack) mehr als reichlich enthalten.
* Getränke (auch Tee, Kaffee und dergleichen) sollte man ohne Zucker und ohne chemische Süßungsmittel zu sich nehmen, was nur in den ersten Wochen der Umstellung schwerfällt.

19 Salz

* Unser Körper braucht Salz, wie er Zucker und Fett benötigt, jedoch wird auch das Salz in unserer Gesellschaft in gesundheitsbedenklichem Übermaß verzehrt.
* Im Durchschnitt nehmen wir täglich das Doppelte der Dosis zu uns, die wir eigentlich brauchen.
* In zahlreichen Fertigprodukten und Knabbereien sind Salze verborgen.
* Ein Zuviel an Salz macht unruhig, fördert den Bluthochdruck (Herzinfarkt), behindert, am Abend zu sich genommen, den Schlaf, fördert den Appetit und somit auch das Übergewicht.
* Es gilt, gesalzene Produkte zu meiden, selbst sparsam oder überhaupt nicht zu salzen und Jodsalz zu verwenden.

20 Alkoholika

* Daß alkoholische Getränke nicht gerade gesundheitsfördernd sind, ist bekannt, und doch sind sie bei einem festlichen Beisammensein zu Hause, im Restaurant, am Wochenende, an Festtagen kaum wegzudenken, und man wird rasch als Spielverderber und Stimmungstöter angesehen, wenn man

bei solchen Gelegenheiten stur an seinem Mineralwasser nippt.

* So kommt es auch hier in erster Linie auf Dosis und Häufigkeit an: 1–2 Gläser Wein oder 1–2 Flaschen Bier können stimmungshebend und anregend wirken – was darüber hinausgeht, schlägt bald ins Gegenteil um und ebnet den Weg in die Sucht.
* Bei regelmäßigem Alkoholgenuß (z. B. beim Abendessen) setze man sich Obergrenzen, z. B. ein halbes Glas Wein, vermischt mit Wasser oder Fruchtsaft.
* Harte Alkoholika wie Schnaps, Whisky und dergleichen meide man nach Möglichkeit ganz.
* Untersuchungen legen den Schluß nahe, daß unter den alkoholischen Getränken der trockene Rotwein, in Maßen genossen, die geringsten Nebenwirkungen erwarten läßt.

21 Quell-/Mineralwasser, Obstsäfte, Tees

* Quellwasser sowie natrium- und nitratarme Mineralwasser stellen die gesündeste und kalorienärmste Form des Trinkens dar, besonders dann, wenn das Wasser dem tiefen Erdinnern entstammt (im Zweifelsfalle ziehe man Wasser mit dem Vermerk: »Für Säuglinge geeignet« vor).
* Stilles Wasser ist bekömmlicher als kohlensäurehaltiges.
* Auch das Leitungswasser, wenn ungechlort, kann im allgemeinen als sehr gesund und schadstoffarm angesehen werden – um sicher zu gehen, erkundige man sich beim zuständigen Wasserwerk.
* Obstsäfte, naturbelassen, 100%ig, mische man mit Wasser und trinke davon in Maßen, jedoch nicht am Abend.
* Tees beziehe man im Zweifelsfall aus der Apotheke, da diese einer strengeren Kontrolle bezüglich der Schadstoffe unterworfen werden.
* Kamille und Fenchel sind unbedenklich, Pfefferminz kann, in Mengen zu sich genommen, die Magen-/Darmwand angreifen, eine Tasse hiervon täglich sollte das Maximum sein.

22 Schadstoffe

* Daß wir in den letzten Jahren regelmäßig von schlechten Nachrichten über neue Schadstoffe in unseren Lebensmitteln aufgeschreckt wurden, liegt nicht unbedingt an einer möglichen Zunahme derselben, sondern zu einem

nicht unerheblichen Teil an dem veränderten Bewußtsein sowie dem verstärkten Einsatz technisch ausgefeilter Geräte.

* Wer sucht, der findet in jedem Lebensmittel irgendwelche Schadstoffe.
* Zu keiner Zeit hat es nur schadstofffreie Lebensmittel gegeben, und die diesbezügliche Kontrolle war vor etwa 20–30 Jahren und vorher im Vergleich zu heute mehr als mangelhaft.
* Nicht selten sind auch reine Naturprodukte gesundheitlich bedenklich, wie z. B. grüne Kartoffeln und Tomaten, Schimmel, Giftpilze oder auch Tabak, Koffein, Alkohol.
* Übertriebene Befürchtungen bezüglich der allgemein gebräuchlichen Nahrungsmittel sind nicht angebracht, der Mensch ist sehr viel widerstandsfähiger als man heute allgemein glaubt.
* Bio-Läden und Bio-Bauern sind zu empfehlen, jedoch nicht alles, was im Bio-Laden angeboten wird, ist gut, und nicht alles, was im Supermarkt verkauft wird, ist bedenklich.
* Wer sich weitgehend an vorstehende Liste hält, kann den Großteil seiner Lebensmittel getrost im Supermarkt beziehen.

23 Muttermilch

* Wer seinen Säugling stillt, sollte sich nicht durch die Diskussion um mögliche Schadstoffe in der Muttermilch verunsichern lassen.
* Eine Mutter, die sich gesund ernährt, auf Alkohol, Zigaretten, Kaffee und ähnliches zumindest vorübergehend verzichtet, deren Muttermilch ist auch gut genug für das Kind.
* Die Industrie vermag die Inhaltsstoffe der Muttermilch niemals gleichwertig nachzuahmen.
* Ohnehin fühlt sich ein Säugling an der warmen Brust der eigenen Mutter allemal geborgener als an einer mit Kuhmilch und chemischen Zusätzen gefüllten Plastikflasche.
* Wer sein Kind mindestens 6 Monate stillt, bewahrt es vor vielerlei Krankheiten, stärkt sein Immunsystem und vor allem sein Urvertrauen.

24 Vitaminzusätze

* Vitaminzusätze sind bei einer vielseitigen Ernährung nicht nötig, das wissen die Firmen, und trotzdem fügen sie gerade den bedenklichen Produkten,

wie z. B. Schokoriegeln, gezuckerten Getränken, Bonbons etc., jede Menge Vitamine zu, um den Konsumenten glauben zu lassen, er habe ein gesundes Produkt vor sich.
* Eine übertriebene Beigabe von Vitaminen schadet mehr als sie nützt.

25 Tiefkühlkost/Konserven

* Frische Produkte sind Tiefkühlware und Konserven in jedem Fall vorzuziehen.
* Tiefkühlware ist unbedenklicher als Dosenware, wenn das Produkt nach dem Auftauen sogleich verzehrt und der Rest nicht wieder eingefroren wird.
* Beim Transport achte man auf die Kühlkette und vermeide kurzfristiges, teilweises Auftauen, z. B. indem man Tiefkühlprodukte als letztes in den Einkaufswagen legt.
* Tiefgekühlte Produkte sind besonders in den Wintermonaten zu empfehlen.
* Konservenerzeugnisse sollten nach dem Öffnen sofort aus der Dose genommen und bald verzehrt werden.

26 Allgemeine Hinweise zur Ernährung

* Fünf kleine Mahlzeiten am Tag sind bekömmlicher und halten eher fit als drei große.
* Die Abendmahlzeit sollte nach Möglichkeit drei Stunden vor dem Schlafengehen erfolgen und aus leichter Kost bestehen, denn der Körper benötigt um diese Zeit eigentlich nichts mehr – wer sich daran die Woche über weitgehend hält, der mag es sich getrost leisten, am Wochenende einmal über die Stränge zu schlagen.
* Wer langsam ißt und häufig kaut, verdaut besser und wird eher satt.
* Eher satt wird auch derjenige, der vor dem Essen ein Glas Wasser zu sich nimmt und/oder reichlich Vollkornprodukte verzehrt.
* Auch wer seine Heizung um 1–2 Grad herunterstellt, bleibt schlanker, da er mehr Kalorien verbraucht.
* Niemals sollte man in Hetze, direkt nach der Arbeit oder stressigen Ereignissen eine Hauptmahlzeit zu sich nehmen, erst einmal abwarten und ruhig werden, z. B. indem man sich für 10–20 Minuten zurückzieht.
* Es sei darauf zu achten, reichlich Gemüse, Obst und Vollkornprodukte zu verzehren, von Gemüse und Obst sollte nach Möglichkeit die Hälfte roh, un-

behandelt, unerhitzt sein – im Zweifelsfalle ziehe man Gemüse dem Obst vor, vor allem abends.

* Salate und Getränke sind bekömmlicher, wenn sie vor der Hauptmahlzeit eingenommen werden, wer auf Getränke während des Essens nicht verzichten möchte, der belasse es im Alltag bei Wasser.
* Nach jeder Mahlzeit, insbesondere nach dem Genuß zuckerhaltiger Speisen, sollten die Zähne mindestens drei Minuten geputzt werden. Wo das nicht möglich ist, kaue man Kaugummi oder esse Möhren, Vollkornbrot, Nüsse und dergleichen, um den Zahnbelag zu entfernen.

Erkrankungen und Süchte unserer Zeit

Einführung

Die Medizin der Männer: Chemie für die verwirrte Seele

Willst du den Körper behandeln, mußt du zunächst die Seele heilen (Platon, 427 – 347 v. Chr.).

Seit Jahrtausenden ist die wissenschaftliche Medizin fest in Männerhänden, und das merkt man ihr an. Was haben sich die klugen Köpfe nicht alles ausgedacht, um den Krankheiten auf die Spur zu kommen und sie alsbald zu eliminieren, nach dem Prinzip: Eine körperliche Störung muß auch eine körperliche Ursache haben, die gilt es zu diagnostizieren und mit dem passenden Mittel bzw. operativen Eingriff aus der Welt zu schaffen. Dabei haben sie das Wichtigste glatt übersehen: die Seele, das Gefühl.

Im 18. und 19. Jahrhundert entdeckten die Mediziner den sogenannten Aderlaß und wendeten ihn bei jeder sich bietenden Gelegenheit an. Sie glaubten, herausgefunden zu haben, daß die Mehrzahl der Erkrankungen auf schlechtes Blut zurückzuführen sei, das man folglich ablassen müsse. Von dem amerikanischen Arzt Benjamin Rush ist überliefert, daß er einem Patienten 58mal in 6 Monaten Blut entnahm. Heute weiß man, daß jener Unfug viel geschadet und wenig geholfen hat. Vielleicht wundert man sich in 100 Jahren in gleichem Maß über das, was die Damen und Herren im weißen Kittel des ausgehenden 20. Jahrhunderts für den neuesten Stand der Wissenschaft erachten.

Der Aderlaß war zu der damaligen Zeit nicht die einzige der seltsamen Methoden europäischer Medizinmänner. In der Absicht, den Körper von Verunreinigungen und Giften zu befreien, hielt man desgleichen große Stücke auf das Abführen und Erbrechen, was mit meist giftigen Substanzen herbeigeführt wurde. Dabei war der Grundgedanke der Verunreinigung gar nicht einmal so weit von der wahren Ursache entfernt. Nur, was man nicht bedacht hatte, war, daß einer körperlichen Verunreinigung bzw. Störung meist eine ebensolche des Seelenlebens vorausgegangen ist. So wäre es denn auch ihre vordringlichste Aufgabe gewesen, zunächst einmal die Seele zu reinigen, zu entgiften, zu entlasten, zu entstören.

In der zweiten Hälfte des 19. Jahrhunderts entdeckten die gelehrten Herren ein neues Spielfeld: Statt Aderlaß und Abführmittel setzten sie nunmehr verstärkt Rauschmittel ein wie Opium, Morphium, Kokain, Alkohol. Seit jeher galten die Frauen als bevorzugte Versuchskaninchen männlicher Experimentierfreude. Im 19. Jahrhundert wurde z. B. die operative Beseitigung der weiblichen Fortplanzungsorgane als vermeintliches Heilmittel gegen alle möglichen psychosomatischen Beschwerden wie Hysterie, Unruhe, Rückenschmerzen, Menstruationsstörungen etc. eingesetzt. Einer 23jährigen Frau, die seit 6 Jahren unter heftigen Menstruationsschmerzen litt, wurde von insgesamt 8 männlichen Ärzten zur Kastration geraten. Schließlich gelangte sie 1879 an den Berliner Chirurgen James Israel, der ihr die entsprechende Operation zusagte. Nach dem »Eingriff« waren die Beschwerden der jungen Frau mit einem Schlage verschwunden. Allerdings hatte der Arzt eine Scheinoperation vorgenommen, denn er war einer der wenigen, die den Zusammenhang zwischen körperlichen Beschwerden und seelischem Empfinden durchschauten.

Wenn die Medizinmänner und Medizinfrauen des 20. Jahrhunderts nicht mehr weiterwissen, greifen sie vor allem auf zwei Methoden zurück: dem Verabreichen von Medikamenten einerseits und dem operativen Eingriff andererseits, nach der Devise: Was stört oder schmerzt, deckt man mit Chemie zu, was sich nicht mehr mit Chemie zudecken läßt, wird herausgeschnitten. Wenn der Kopf hämmert, weil man sich zu sehr unter Druck gesetzt hat oder zu sehr unter Druck gesetzt wurde, dann wird nicht der seelische Druck mit seelischen Mitteln bekämpft, sondern das äußere Alarmzeichen, der Kopfschmerz, mit Chemie zum Schweigen gebracht. Genauso, wie man einem schreienden Baby häufig einen Schnuller in den Mund drückt und dann sagt: »Seht Ihr, es schreit nicht mehr. Es ist alles in Ordnung.« Wer sich ständig kratzt, dem wird eine wunderschöne Cortisonsalbe verschrieben, und siehe da, die Haut wird innerhalb weniger Tage wieder heil. Niemand jedoch scheint einen Gedanken daran zu verschwenden, woher das Jucken kam. Warum man sich nicht wohl fühlt in seiner Haut, warum man gegen sich selbst kämpft.

Man sagt: Eine Grippe dauert mit Arzt sieben Tage und ohne Arzt eine Woche. Wenn die gehetzten Menschen der heutigen Zeit ein wenig mehr Geduld und Vertrauen zu sich selbst hätten und sich statt auf den Weg zum Arzt, zur Apotheke, zum Psychotherapeuten, auf den Weg zu sich selbst aufmachten und sich mit sich alleine eine Weile zurückzögen, würden sie wohl gewahr, daß der Großteil der Erkrankungen und Störungen ganz von selbst wieder verschwindet. Nimm Dein Leben in die eigenen Hände. Laufe nicht länger von einem Wunderdoktor, von einem Psychoguru zum nächsten in der trügerischen Hoffnung, daß nur andere Dir helfen können. Die anderen können es nicht, weil sie anders sind. Du bist einmalig. Nur einer ist wie Du, nur einer kennt Dich ganz genau, nur dieser eine vermag Dich letztendlich zu heilen, und nur dieser eine hat ein uneigennütziges Interesse daran, und dieser eine, das bist Du. »Geh deinen eigenen Weg und schlage nicht den Pfad eines anderen ein« (ägyptisches Sprichwort). Zieh Dich zurück, heiße Deine Störung willkommen. Und wenn Körper und Seele sich beruhigt haben, so wirst Du erkennen, was nicht in Ordnung ist mit Dir.

Alles hat eine Vorgeschichte

Dein Lebensweg und Dein Schicksal haben schon lange begonnen, bevor Du das Licht der Welt zum ersten Mal erblicktest. Du bist nicht nur das Produkt Deiner Mutter und Deines Vaters, Du bist auch das Produkt von Tausenden Deiner Vorfahren mit all ihren gesunden und kranken Vorgaben, all ihren positiven und negativen Eigenschaften. Befrage einmal Deine Eltern in einer offenen Stunde, und Du wirst eine lange Liste von Gebrechen und Störungen vonseiten Deiner Vorfahren kennenlernen. Das ist das Material, mit dem Du leben mußt, ob es Dir nun paßt oder nicht. Vor Deiner Geburt durchläufst Du eine Phase, die von vielen kaum registriert, jedoch von ganz entscheidender Bedeutung für Deine weitere seelische und körperliche Entwicklung und damit auch für spätere Krankheiten und Süchte ist: die Zeit der Schwangerschaft. Die ersten Eindrücke von den Menschen und der Welt bekommst Du nicht erst am Tage Deiner Geburt, sondern bereits in den Monaten davor. Ob Du Dich wohl fühlst im Mutterleib und ein Urvertrauen heranbildest, hängt auch davon ab, inwieweit sich die Frau, die Dich in sich trägt, wohl fühlt.

Nach Deiner Geburt wird es von ganz entscheidender Bedeutung sein, wie man Dich aufnimmt und annimmt. Wirst Du geliebt und gut versorgt, wirst Du so akzeptiert wie Du bist? Nimmt man sich Zeit für Dich, oder schiebt man Dich so früh wie möglich zu wechselnden Bezugspersonen ab? Fühlen sich womöglich Dein vorgeborener Bruder, Deine ältere Schwester von Dir bedroht und verdrängt? Sind Deine Eltern oft krank, überarbeitet, im Dauerstreß? Sind sie häufig betrunken, schlagen sie sich und gehen einander fremd? Ist die Familienatmosphäre geprägt von Angst und Mißtrauen oder von dem Gefühl der Geborgenheit? Erbfaktoren, Schwangerschaft und Kindheit legen den Grundstein für Deine spätere Entwicklung und somit auch für Krankheit, Depression und Sucht. Es lohnt, sich einmal mit dieser Phase auseinanderzusetzen. Jedoch, verweile nicht allzulange da, wo Du nichts mehr zu ändern vermagst.

Die Erfahrungen der Jugendzeit werden Deine weitere Entwicklung prägen: die naturgewollte, aber sich selten konfliktfrei vollziehende allmähliche Loslösung vom Elternhaus, die Beziehungen und die Stellung unter Freunden, Probleme in der Schule, die naturgegebenen Enttäuschungen der ersten Liebesbeziehung zu einem Mitglied des anderen Geschlechts. Auf der folgenden Stufe wirst Du Dich vermutlich vom Elternhaus gelöst haben – zumindest äußerlich. Du wirst dabei sein, mit einem Partner ein eigenes Nest zu bauen sowie Dir einen Platz im Berufsalltag unserer Leistungs- und Ellenbogengesellschaft zu erkämpfen, was Dir manche schlaflosen Nächte bereiten wird. Egal, ob Du Dich für oder gegen ein Kind entscheidest, auch das wird nicht ohne heftige Gefühlsschwankungen und Streß abgehen.

Spätestens auf dieser Stufe Deiner Lebensleiter wirst Du mehr und mehr gewahr werden, daß Dein Körper sich immer häufiger zu Wort meldet, meist gerade dann, wenn es überhaupt nicht in Deine Pläne paßt. Er meldet sich mit allgemeinem Unwohlsein, mit Schlafstörungen, Kopfschmerzen, Magenbeschwerden, Bluthochdruck ..., dem Drang nach Alkohol, Nikotin, Süßigkeiten, Drogen, Tabletten... Wenn Du nicht auf die Signale Deines Körpers hörst, so wirst Du früher oder später ernsthaft krank, und der Körper wird Dich zwingen, auf ihn zu hören.

Dabei spielt es im Prinzip keine Rolle, welche Krankheit Dich nunmehr heimsucht. Die Störung tritt vermutlich zunächst einmal da auf, wo sich eine genetisch bedingte Schwachstelle anbietet. Dein körpereigenes Abwehr-/Immunsystem hat Deine Nichtbeachtung nicht mehr mittragen wollen und können. Es war es leid, ständig für Dich kämpfen zu müssen. Es hat sich von Dir im Stich gelassen gefühlt und die Waffen gestreckt. Oft genug hat es Dich zuvor gewarnt und immer wieder Signale ausgesendet. Du hast sie ignoriert, weil sie Dir im Wege waren bei der Jagd nach dem ganz großen Erfolg. Nun hast Du den Salat. Sieh zu, wie Du damit fertig wirst.

Genau dieser Moment ist zugleich Deine große Chance. Gehe nun nicht den scheinbar bequemen Weg, lasse nicht die Chemie statt Deiner mit den Krankheitserregern kämpfen. Kämpfe Du mit Deinen Dir von Natur her gegebenen Mitteln. Nimm Dich zurück, zieh Dich aus dem Verkehr. Komme zu Dir, lasse den Schmerz und den Kummer zu, gib Dir Zeit dafür, sieben Tage oder mehr. Ganz von selbst wirst Du erkennen, was mit Dir nicht in Ordnung ist. Bald wirst Du ahnen, daß alle Deine Beschwerden einen großen gemeinsamen Nenner haben: die Angst. Angst vor Einsamkeit, Liebesverlust, Überforderung, Krankheit, Tod, Gewalt, Naturkatastrophen, Umweltvergiftungen – vor der Zukunft im allgemeinen und den Menschen im besonderen. Angst macht depressiv, Angst mach aggressiv. Angst macht süchtig. Angst macht krank. Bekämpfe die Wurzel Deiner Beschwerden, die Angst, und Du hast eine reelle Chance, gesund und suchtfrei zu werden. Wirf Ballast ab, schwemme Dreck und Gifte nach außen. Lerne, das Wesentliche vom Unwesentlichen zu unterscheiden. Gewinne Abstand, regeneriere Dich, sammle neue Kräfte, und dann stürze Dich von neuem in das pralle Leben: nach der Ebbe genieße die Wonnen der Flut.

Krankheiten und Süchte fallen nicht vom Himmel

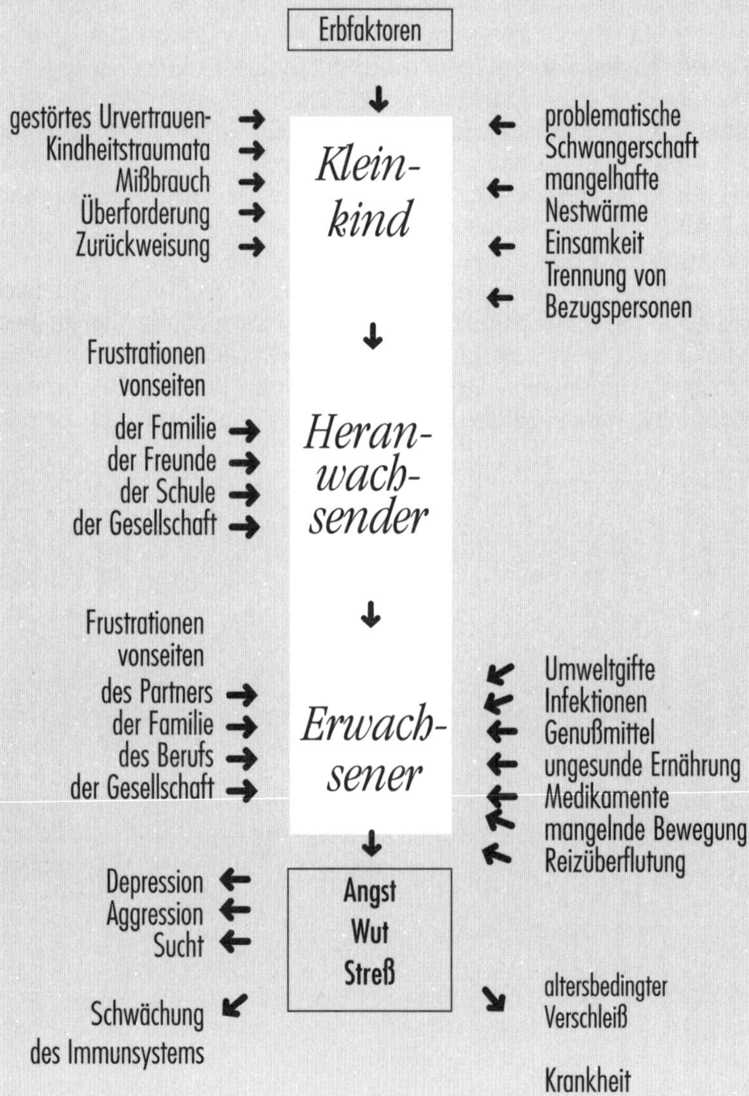

1 Asthma/Allergie

Einem Patienten, der dem Arzt von seiner Katzenallergie berichtet, wird in der Regel geraten, das Tier abzuschaffen oder zumindest aus dem Haus zu verbannen und nicht mehr anzufassen. Niemand verschwendet seine Zeit damit, zu fragen, warum ein so harmloses Haustierchen wie eine Katze ernsthaft krankmachende Reaktionen auszulösen vermag.

Allergien sind eine Massenerscheinung unserer Zeit. Sie äußern sich durch ständiges bzw. schubweise auftretendes Niesen, Schnupfen, Husten, Heuschnupfen, Hautjucken, Augentränen, Asthma und dergleichen. Die Anlage hierzu dürfte erblich bedingt sein. Jedoch treten die typischen Reaktionen bezeichnenderweise dann auf, wenn zuvor seelischer oder körperlicher Streß das Immunsystem geschwächt und damit den Weg freigemacht haben, um einen Angriff auf die angeborene Schwachstelle starten zu können. Bei der allergischen Reaktion handelt es sich um eine übertriebene Abwehrhaltung gegenüber einem vermeintlichen Feind.

Kämpfen ist hin und wieder geboten, jedoch hier findet der Kampf, wie bei so vielen psychosomatischen Störungen, an der falschen Stelle statt. Während es im Innern des Allergikers kracht und lärmt, ist er nach außen hin oftmals darauf bedacht, Ruhe, Harmonie, Gleichmaß zu bewahren. Selten zeigt er seine Aggressionen offen. Er läßt sie nicht hinaus, statt dessen dringen sie in sein Innerstes und kämpfen so gegen ihn selbst.

Nun, die Katze sei als Auslöser Deiner Allergie ausgemacht. Du gibst die Katze fort oder läßt Dich desensibilisieren. Können wir nunmehr davon ausgehen, daß die Welt wieder in Ordnung ist und sich Deine Probleme, die hinter der Allergie verborgen sind, in Luft aufgelöst haben? Das mag glauben, wer will, der Arzt sicherlich nicht. Aber der schweigt, und doch weiß er etwas, was Du nicht weißt. Er weiß, Du kommst wieder: wenn nicht mit einer Katzenallergie, dann vielleicht mit einer Vogel-, Hamster-, Meerschweinchen-, Erdbeeren-,Milch-, Hausstauballergie, wenn nicht mit einem Dauerniesen, so mit einem Dauerhusten, wenn nicht mit Asthma, so mit Heuschnupfen oder Neurodermitis. Denn mit der Diagnose Katzenallergie hat man gar nichts herausgefunden. Man hat lediglich das Symptom mit der Ursache verwechselt. Es ist

Angst beherrscht die meisten Menschen

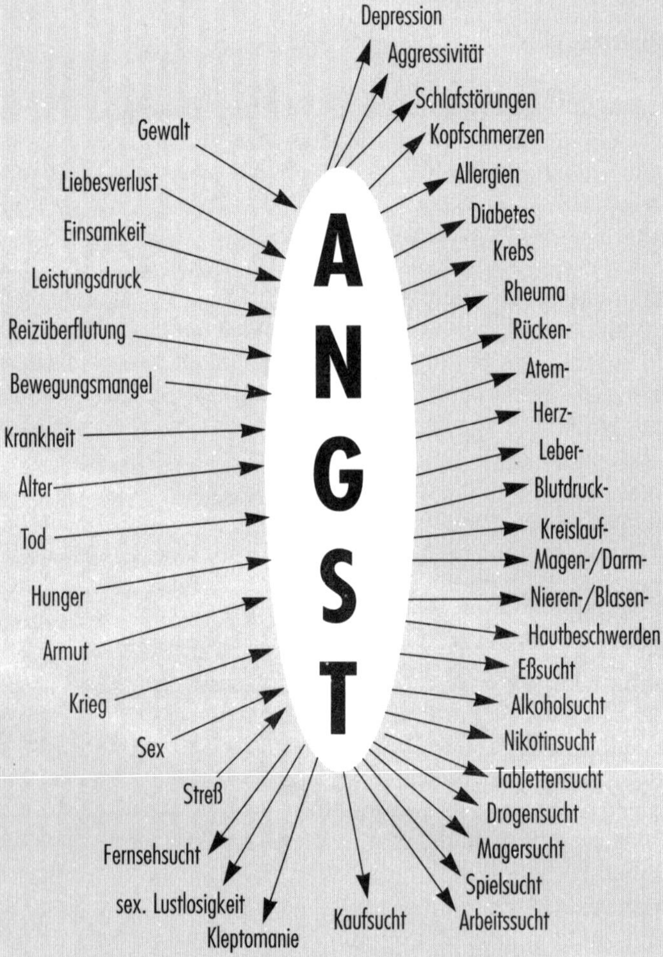

Angst macht depressiv. Angst macht aggressiv.
Angst macht süchtig. Angst macht krank.

nicht das Messer eines Mörders, das dingfest gemacht werden muß, sondern der Mörder selbst, es ist nicht die Katze, welche aus der Welt geschafft werden muß, sondern das zugrundeliegende Problem.

Wissenschaftler sagen, Asthma sei der unterdrückte Schrei nach der Liebe der Mutter. Asthma trete dann auf, wenn die Beziehung zur Mutter als bedrohlich angesehen wird. »Dem Wunsch nach vertrauensvoller Nähe, den das Kind durch Schreien einfördern könnte, steht jedoch die Angst entgegen, die ohnehin abweisende Mutter noch mehr zu verlieren. So wird der Schrei nach ihr unterdrückt.« (Koesters). Diese Sichtweite ist sicherlich nicht aus der Luft gegriffen, jedoch, sie könnte dazu verführen, die Mütter für dieses und andere Übel alleine verantwortlich zu machen. Das wäre nicht nur ungerecht, es wäre auch falsch. Es gibt für Mütter nicht einen einzigen Grund, in Schuldgefühlen zu verharren, wenn sie um die seelischen Anteile der Erkrankung ihres Kindes wissen. Es gilt, nach vorne zu schauen. So ist z.B. ein etwa sechsmonatiges Stillen eine gute Voraussetzung für das Heranbilden des Urvertrauens sowie für ein widerstandsfähiges Immunsystem. Im übrigen sei es die gemeinsame Aufgabe von Mutter und Vater, dem Kind Zeit, Geborgenheit und Wärme zu geben.

Asthma kommt aus dem Griechischen und bedeutet Engbrüstigkeit. Enge heißt im Lateinischen angustus, und daraus leitet sich das deutsche Wort Angst ab. Enge ist Symbol für Angst. Enge im Brustbereich ist Angst, Angst vor Verlust der Bezugsperson, des Partners, Angst vor den Menschen, vor dem prallen Leben. »Statt zu kämpfen, zu schreien, zu weinen, zu fliehen, atmet das Kind so, als ob seine Brust von einer Last gepreßt würde« (Frederik Vester). Und doch ist das der einzige Weg, das Asthma in die Wüste zu schicken: Lerne zu kämpfen, Dich zu wehren, Dich rechtzeitig zu melden, Zurückweisungen, Enttäuschungen, Niederlagen nicht persönlich zu nehmen. Lerne, die Wut herauszulassen, Nein zu sagen, Grenzen zu ziehen, zeitweilige Distanz zu bedrohlichen Personen zu wahren (das können unter Umständen auch die eigene Mutter, der eigene Vater, der Bruder, die Schwester, der Partner, der Arbeitskollege sein).

Geh dorthin, wo es Dich am meisten fürchtet, geh unter die Menschen, desensibilisiere Dich nicht gegen die Katze oder die Milbe, sondern gegen Deine Ängste. Im übrigen achte darauf, in Deiner Freizeit mehr für Bewegung und Entspannung zu tun. Hohe Berge, das Meer, Inseln, Wald, Natur werden Dir guttun. Tage der Askese, der Reizlosigkeit und Stille sind für Dich das wirksamste und einfachste Mittel, Entspannung für einen längeren Zeitraum zu bewahren. Wer entspannt ist, hat kein Asthma. A. Weil berichtet von einem Patienten, der sein Leben lang Katzenallergiker war, jedoch unter Einfluß von LSD stundenlang entspannt und heiter mit der Katze spielte, ohne irgendwelche allergischen Reaktionen zu zeigen. Wer entspannt ist, der ist angstfrei. Wer angstfrei ist, der leidet nicht an Allergien, muß sich nicht mit Atemnot abplagen. »Es ist nicht möglich, gleichzeitig entspannt und regelmäßig zu amten und aufgeregt zu sein« (Lieb/Pein).

2 Neurodermitis

Wen es ständig oder in Schüben juckt, wer sich seine eigene Haut aufkratzt, auf daß sie rot wird und wund, wer oft nächtelang nicht zum Schlafen kommt und sich ständig selbst weh tut, der leidet vermutlich an Neurodermitis, eine der großen und zunehmenden Massenerkrankungen unserer modernen Zivilisation. Die Ärzte begegnen ihr üblicherweise mit einem Griff in ihre chemische Wundertüte: in leichteren Fällen mit irgendwelchen Sälbchen, in schwereren Fällen mit Cortison und Psychopharmaka. Damit werden wieder einmal die Symptome kurzfristig zugedeckt, und Arzt und Patient haben für eine Weile Ruhe und der Patient das trügerische Gefühl, geheilt zu sein – bis dann beim nächsten Schub alles noch viel schlimmer wird.

Zieh Dich zurück, und dann kratze Dich solange Du willst, auch wenn Deine Bettwäsche voller Blutflecken ist. Stöhne und schreie alles Leid aus Dir heraus. Irgendwann wird Ruhe eintreten, und die wirst Du nutzen, um Deine Wunden zu lecken und darüber nachzudenken, was alles schiefläuft in Deinem Leben.

Für die Zeit des Übergangs vermeide Reizüberflutung, Dauerstreß. Zügle Deinen Ehrgeiz, Deinen Wunsch, von allen geliebt und geachtet zu werden. Entspanne Dich täglich (Autogenes Training, Yoga, Meditation). Suche immer wieder die Einsamkeit der Natur auf, vermeide unnötiges Schwitzen, dusche Dich kalt unmittelbar nach dem Aufstehen. Befällt Dich mitten in der Nacht ein Juckreizschub, und es ist Dir nicht möglich, diesem mittels einer kalten Dusche, einer Entspannungsübung bzw. intensiver Bewegung entgegenzuwirken, so streichle die juckenden Hautstellen sanft, statt sie aufzukratzen oder bearbeite solche Hautstellen, die nicht befallen sind. Betupfe Deine Ekzeme bei Bedarf mit tierischem oder eigenem Harnstoff (Urin). Auch in einer Tasse lauwarmen Wassers aufgelöstes Salz (etwa in der Stärke des Meerwassers) kann Juckreiz mildern und Wunden heilen. Meide üppiges Essen, scharfe Gewürze, Alkohol, Zitrusfrüchte, tierische Nahrungsmittel, Zuckerwaren, wenn Du Dich in einer Phase überdurchschnittlichen Juckreizes befindest.

Bis Du gelernt hast, Deine Krankheit völlig in die Schranken zu weisen, seien Dir noch zwei hochwirksame Helfer ans Herz gelegt: das Meer und die Sonne. Wenn es Dir möglich ist, verbringe Deinen Urlaub am Meer, dort, wo es nicht allzu überlaufen ist und Luft und Wasser noch sauber sind, z. B. Nordseeinseln, franz. Atlantikküste. Zunächst werden Sonne und Salz Deine empfindsame und strapazierte Haut angreifen und reizen, aber von Tag zu Tag, von Woche zu Woche, von Bad zu Bad wird die Heilung der Wunden vorangehen und der Juckreiz nachlassen. Wir wissen, wie gefährlich Sonne für uns werden kann, wenn man nicht richtig mit ihr umgeht, aber gerade für Neurodermitiker kann die Sonne eine gute Freundin sein. Es gilt, die Haut ganz langsam an die Sonnenstrahlen zu gewöhnen und während der Mittagszeit im Sommer möglichst den Schatten bzw. das Haus aufzusuchen. Wer nicht die Möglichkeit hat, mehrmals im Jahr seine Zeit am Meer oder/und im Süden (letzteres ist jedoch nicht für den Hochsommer zu empfehlen) zu verbringen, dem sei geraten, sich einen UV-Sonnenbestrahler anzuschaffen. Je größer das Gerät, um so wirkungsvoller. Allerdings sollte man eine Bestrahlungskur nicht in Zeiten des Hochstresses beginnen, nicht in der zeitlichen Nähe von privaten oder beruflich aufregenden Phasen, auch nicht während eines Neurodermitisschubs. Wenn sich Körper und Seele ein wenig beruhigt haben, z. B. nach unserer Sieben-Tage-Askese, nach einem Urlaub, im Anschluß an stressige Termine, gilt es, die Gunst der Stunde zu nutzen und einem nächsten Showdown vorzubeugen.

Steigere Stärke, Abstand und Dauer so allmählich, daß Du weder Rötungen aufweist, noch Dich unwohl fühlst. Bewege dich vor dem Gerät langsam von einer zur anderen Seite und wechsle ab zwischen Vorder- und Rückenpartie. Der Erfolg wird sich auch hier nicht in den ersten Tagen einstellen, dafür um so deutlicher einige Zeit darauf, vor allem dann, wenn die Sonnenkur durch weitere, auf die Seele einwirkende Maßnahmen begleitet wird.

3 Bluthochdruck/Herzinfarkt

Bluthochdruck ist eine typische Störung unserer Zeit, die etwa jeden 10. Bundesbürger heimsucht. Betroffene stehen ständig unter Druck, oft sieht man es ihren roten Gesichtern an. Manche wissen gar nicht, daß sie krank sind, oder sie wollen es nicht wissen, denn sie sind viel zu sehr beschäftigt. Doch wenn sie nicht aufpassen und nicht alsbald ihr Leben ändern, so laufen sie Gefahr, eines nicht allzu fernen Tages mit einem Herzinfarkt oder Schlaganfall frühzeitig aus demselben zu scheiden. Herz-/Kreislauferkrankungen stehen an erster Stelle der Todesursachen in den Industriestaaten. Im allgemeinen ebnet der Bluthochdruck den Weg zu Herzinfarkten und Gehirnschlägen. Ärzte und Ärztinnen verschreiben in einem solchen Fall gerne Beta-Blocker oder/und Beruhigungsmittel. Beides ist wieder einmal nichts anderes, als der Versuch, den schreienden Körper zum Schweigen zu bringen, zu knebeln, zu vergewaltigen, damit der arbeitswütige Hypertoniker so rasch wie möglich seine ach so furchtbar wichtigen Geschäfte fortführen kann. Die Entstehung des Bluthochdrucks wird begünstigt durch Übergewicht, Bewegungsmangel, Alkohol, Nikotin, Streß und so fort. Bei Frauen, deren Herzinfarktrate in den letzten Jahren sprunghaft angestiegen ist, potenziert die Kombination Pille und Nikotin das Risiko um ein Vielfaches.

Bluthochdruck ist ungelebte, unterdrückte Aggression. Aggression und Bluthochdruck stehen in direktem Zusammenhang. Aggression ist ohne Blutdrucksteigerung nicht möglich. Wer aggressiv ist, will angreifen. Wer Angst hat, will flüchten. Wenn beides nicht möglich ist, staut sich der Druck und manifestiert sich. Holländische Forscher verglichen den Hypertoniker mit einem Tiger, der im Käfig sitzt und seine Beute nicht anspringen kann.

Typischen Blutdruckpatienten fällt es besonders schwer, sich eine Zeitlang aus dem Verkehr zu ziehen, obwohl gerade sie das bitter nötig hätten: Zieh Dich zurück, suche die Stille und die Einsamkeit auf, laß die Arbeit einmal Arbeit sein, Du wirst sehen, die Welt wird sich weiterdrehen, wenn Du Dich für eine Weile ausklinkst. Tu es jetzt, warte nicht, bis Du Dich auf einer Intensivstation wiederfindest.

Für die Zeit des Übergangs wirst Du von heute an: 1. weniger Salz, Fett, Zucker, Fleisch zu Dir nehmen und auf gesunde Ernährung achten, 2. den Gebrauch von Genußmitteln wie Nikotin, Alkohol, Kaffee einschränken oder abstellen, 3. Dich häufiger bewegen, mehr Sport treiben, weniger arbeiten und seltener fernsehen.

4 Kopfschmerzen/Migräne

Der Kopf dröhnt, hämmert, pocht. Schnell ein Griff zur Kopfschmerztablette, die heutzutage traurigerweise in nahezu jedem Haushalt und Büro bereitliegt.

Im Nu ist man wieder funktionsfähig, und wenn die Dosis nicht ausreicht, dann wird sie erhöht. Schließlich darf man sich in dieser unserer Leistungsgesellschaft keine Schwächen und keine außerplanmäßigen Auszeiten erlauben. Kopfschmerz gilt als Störung Nr. 1, aufgrund derer wir uns beim Arzt einfinden. Die Experten unterscheiden im wesentlichen drei Arten von Kopfschmerz: 1. Den Spannungskopfschmerz, hervorgerufen durch einseitige Belastung. 2. Die Migräne, welche typischerweise jeweils nur eine Kopfhälfte befällt und oft im Anschluß an eine Phase der außergewöhnlichen Belastung auftritt. 3. Den toxischen Kopfschmerz, z. B. nach einer »durchzechten« Nacht. Meist kommen die verschiedenen Arten nicht in Reinformat vor. Migräne gilt als typische Frauenkrankheit. Schätzungsweise 3–4 mal mehr Frauen als Männer sind davon betroffen.

Menschen, die häufig unter Kopfschmerzen zu leiden haben, meinen oft, besonders hohe Leistungen erbringen zu müssen, um anerkannt und gemocht zu werden. Dabei sind die Ziele in der Regel so hoch gesteckt, daß sie unerreichbar bleiben, und so sind Enttäuschung und das Gefühl, wieder einmal versagt zu haben, nahezu vorprogrammiert. Von irgendwo mahnt eine Stimme: Du warst nicht gut genug. Du mußt Dich mehr anstrengen. Du mußt besser werden. Es ist die eigene Stimme, die so spricht. Dein größter Feind bist Du selbst. Nicht selten haben gerade Migränepatienten Probleme mit der freien Zeit, dabei hätten sie es besonders nötig: das Loslassen, das Abschalten, die Askese auf Zeit. Diesen Teufelskreis gilt es zu durchbrechen, hier und heute, ehe es zu spät ist, und eh sich womöglich zu Deinen Kopfschmerzen ein zweites Problem gesellt: das der Medikamentenabhängigkeit.

Was Dir fehlt, sind keine Schmerzmittel, Psychopharmaka, Beta-Blocker und dergleichen. Im Gegenteil. Du hast allen Grund, Deinem Körper dankbar zu sein, daß er Dich frühzeitig warnen will. Er muß es auf schmerzvolle Weise tun, sonst änderst Du ja doch nichts. »Schmerz ist der Arzt, auf den wir am meisten hören« (Marcel Proust). In Deiner Situation ist Zurückziehen das Gebot der Stunde. Solange die Schmerzen andauern, lege Dich ins Bett, verdunkle Dein Zimmer, laß keine Geräusche zu Dir dringen. Lasse den Schmerz kommen. Wissenschaftliche Untersuchungen bestätigen, daß ein Schmerz rascher verschwindet, wenn man ihn akzeptiert, zuläßt, beobachtet – dagegen um so länger und intensiver wirkt, wenn man mit aller Gewalt gegen ihn ankämpft. Wer chronische Kopfschmerzen auf Dauer loswerden möchte, dem bleibt nichts anderes übrig, als sein Verhalten, seine Einstellung zum Leben und evtl. die Lebensumstände als solche zu ändern. Vor allem anderen jedoch, lerne zu entspannen. Verspannung im Kopf löst man mit Entspannung. Wenn die Verspannung geht, lassen auch die Schmerzen von Dir ab.

5 Rückenschmerzen/Rheuma

Bei den einen ist es der Kopf, bei den anderen sind es der Rücken, die Bandscheiben. Sie finden nachts keinen Schlaf und keine Position, die sie den Schmerz vergessen läßt. Ist es der Rücken oder ist es das Leben selbst, das sie niederdrückt?

An einem beliebigen Tag leiden circa 40 % der Bevölkerung an Rückenschmerzen, oft in Verbindung mit allgemeinen rheumatischen Beschwerden. Am einfachsten sind die Rückenschmerzen bei denjenigen Menschen zu verstehen, die aufgrund ihres Berufes den Rücken einseitig belasten (z. B. im Büro, vor dem Computer, an der Kasse). Wer kann, der möge diese Tätigkeiten meiden oder aber regelmäßig für wechselnde Körperhaltungen und gymnastische Ausgleichsübungen (sehr zu empfehlen: Yoga) sorgen.

Wer immer wieder mit Rückenschmerzen zu tun hat, der suche sein Heil nicht in erster Linie in einer bestimmten Technik, vielmehr ändere er seine Lebensweise. Jedoch, greife möglichst nicht zu Tabletten und lasse Dich auch nicht allzu leichtfertig zu einer Operation überreden. Ein großer Teil der an Bandscheiben Operierten leidet früher oder später unter den gleichen oder neuen Problemen an anderer Stelle, denn die Seele läßt sich nicht operieren, und der Großteil der Rückenschmerzen beruht auf seelischen Störungen. Trauer, Wut, Streß, Leistungsdruck drücken den Menschen nieder, verspannen ihn. Verspannung ist das Gegenteil von Entspannung.

Nicht sehr viel anders verhält es sich mit einer verwandten Form der Störung des Bewegungsappartes: den rheumatischen Beschwerden, allen voran der entzündliche Gelenkrheumatismus (Polyarthritis). Er kann für zirka jeden vierten Fall frühzeitigen Ausscheidens aus dem Beruf verantwortlich gemacht werden. Finger, Zehen, Gelenke deformieren, und wer nicht früh genug damit beginnt, sein Leben umzustellen, dem droht das operative Installieren künstlicher Gelenke und schließlich ein Leben im Rollstuhl.

Auch dem Rheumatismus geht im allgemeinen eine Daueranspannung, eine Überbelastung voraus. Wenn sich die Anspannung, die bei Angst, Bedrohung, Zorn, Aggression, Streß entsteht, nicht entladen kann, so führt dies zu Verspannung. Daueranspannung führt zu Dauerverspannung, zur chronischen Verspannung und in der Folge zu Schmerzen und Entzündungen.

Bevor Du in Deiner Not zu Schmerzmitteln, Cortison, Psychopharmaka greifst, versuche es erst einmal mit dem einfacheren, natürlicheren Weg: Zieh Dich eine Weile aus dem Verkehr, und wenn Du wieder auftauchst, wirst Du wissen, wie Du es schaffst, lockerer zu werden. Und in dem Maße, wie sich Geist und Seele lockern, werden es auch Deine Gelenke.

6 Magen-/Darmbeschwerden

Ein Stier in der Arena, von allen Seiten bedroht, eingesperrt, eingeengt, von Männern zu Fuß und zu Pferde gejagt, von spitzen Klingen durchbohrt, verliert im Angesicht des Todes pausenlos Urin und Kot. Auch Soldaten im Krieg erleben immer wieder in Gefahrensituationen peinliche unwillkürliche Blasen- und Darmentleerungen. Vor einer entscheidenden Prüfung oder einem Rendezvous mit einer fremden Person zieht es uns häufiger zur Toilette als gewöhnlich.

Aufregung, Ärger, Streß, Angst, Wut, Schuldgefühle schlagen auf den Magen, den Darm, die Blase. So geht angestaute Aggressivität einher mit einer Überaktivität des Magens. Eine Daueranspannung, Dauerbelastung des Magen-Darmbereichs führt zu einer Überfunktion der Schleimhäute. Dies wiederum kann sich zu Schleimhautentzündungen auswachsen, die möglicherweise in Magengeschwüren münden. »Die Grundhaltung: Gefühl und Aggression nicht nach außen, sondern nach innen, gegen sich selbst zu lenken, führt in der Konsequenz zum Magengeschwür« (Detlefsen).

Medikamente, Beruhigungsmittel, Abführmittel, Operationen seien der allerletzte Schritt. Auf lange Sicht hilft auch hier nur eine Umstellung des Lebens bzw. eine neue Einstellung dazu. Für die Zeit des Übergangs sind Ruhe und Diät angebracht, Tage der Askese, der Reizarmut und Zurückgezogenheit. Zucker, Salz, Fett, Fleisch, Genuß- und Rauschmittel sowie übermäßiger Fernsehkonsum sind einzuschränken und durch gesunde Ernährung, Aufenthalt an der frischen Luft sowie den Wechsel von Bewegung und Entspannung zu ersetzen.

7 Krebs

Lange Zeit galt Krebs als die Krankheit Nr. 1, die die Menschen unserer Breiten in schieres Entsetzen versetzte, bis sie in dieser Hinsicht von Aids auf den zweiten Platz verwiesen wurde. Nach Bluthochdruck ist Krebs die zweithäufigste Todesursache hierzulande. Jeder Dritte stirbt daran, nur 40% der Erkrankten überleben länger als 5 Jahre. Auch bei dieser Krankheit setzen die Forscher oft an dem Punkt an, an dem das Kind bereits in den Brunnen gefallen ist und bemühen sich mit einem Riesenaufwand an Technik, Chemie und Geld, das Wachstum der bösartigen Zellen zu bremsen oder zu verlangsamen. Üblich ist die sogenannte Dreifachtherapie: Operation, Bestrahlung, Chemotherapie. So werden manchesmal Spatzen mit Kanonen beschossen.

Daß Teer, Nikotin, Asbest, Autoabgase und etliche sonstige Umweltgifte zusätzliche Risikofaktoren sind, ist hinlänglich bekannt. Der Schlüssel jedoch ist selten in einer Materie zu finden, die von außen kommt. Zwar erkranken deutlich mehr Raucher als Nichtraucher an Krebs, aber die Mehrzahl der Raucher bleibt trotz alledem vom Krebs verschont, und manche Kettenraucher werden uralt. Forscher haben herausgefunden, daß in den Körpern von alten Menschen ständig irgendwelche Zellen entarten. Bei der Obduktion von Leichnamen älterer Verstorbener entdeckt man in so gut wie jedem Fall Spuren winziger Tumore, von denen der Betroffene zeitlebens nichts bemerkt hat und die nie einer Behandlung bedurft hätten. Im Normalfall wird das körpereigene Abwehrsystem mit Zellentartungen fertig, ohne Arzt und Medikamente. Und genau hier liegt der Hase im Pfeffer. Wenn das Immunsystem durch Streß, Ärger, Verzweiflung geschwächt ist, haben die Erreger, die es immer und überall gibt, leichtes Spiel, die Zellen einzunehmen, sie zu bösartigen Zellen umzuwandeln, die wiederum andere Zellen angreifen und zerstören. Man hat Ratten mit sogenannten Bittner-Viren, die an der Entstehung von Krebs mitbeteiligt sein sollen, infiziert und sie anschließend in zwei Gruppen unterteilt. Gruppe A wurde unter Streß gesetzt, Gruppe B nicht. Nach etwa 13 Monaten waren 93% der Gruppe A an Krebs erkrankt, jedoch nur 7 % der Gruppe B. Bereits im Jahre 1854 erahnte der französische Arzt Jean Zulema Amussat diese Zusammenhänge: »Der Einfluß von Gram und Kummer scheint die gewöhnliche Ursache von Krebs zu sein.«

Es ist natürlich klar, daß auch jene Patienten, die um die seelischen Anteile der Krankheit wissen, in ihrer Todesangst nicht auf chemische und operative Eingriffe verzichten möchten. Aber auch eine Operation wird auf Dauer nur dann etwas nutzen, wenn sich gleichzeitig die Lebensweiseverändert: Zieh Dich zurück, komme zur Ruhe, lasse Dein bisheriges Leben Revue passieren. Nimm nicht länger alles so hin, wie es ist. Kämpfe für Deine Bedürfnisse, Interessen, Träume, dann werden es die Zellen in Deinem Innern nicht mehr nötig haben, stellvertretend für Dich den Kampf am falschen Ort zu führen.

Wir gehen davon aus, daß jeder Sucht eine Depression zugrundeliegt. Bei der Medikamentensucht ist der Zusammenhang zwischen Depression und Sucht in besonderer Weise augenfällig. Wer Angst vor dem Dasein im allgemeinen und den Menschen im besonderen hat, wer sich dem wirklichen Leben mit seinen Höhen und Tiefen, mit seinen Schönheiten und Grausamkeiten, seinem grauen Alltag, entziehen will, der ist in hohem Maße suchtgefährdet. Dabei macht es kaum einen Unterschied, ob er den ganzen Tag vor dem Fernseher hockt, täglich eine Tafel Schokolade, eine Schachtel Zigaretten konsumiert oder von morgens früh bis spät in die Nacht nur an seine Arbeit denkt. Von daher möge die gebotene Therapie die Sucht als solche nicht zum Thema Nr. 1 werden lassen, sondern es sich zur vordringlichsten Aufgabe machen, das zu beleuchten, was hinter der Sucht verborgen ist. Wer Kummer, Angst und Streß in die Schranken weist, entzieht der Sucht den Nährboden.

1 Medikamentensucht/Depression

Elizabeth Wurtzel lautet der Name der bekanntesten Depressiven der 90er Jahre in den USA. Seit Jahren schluckt sie das vermeintliche Wundermittel Prozac (Fluctin) und macht sich und dem Rest der Welt vor, damit ihre traurige Kindheit auslöschen zu können. Darüber schrieb sie ein Buch, das sich gut verkaufte, denn die Kleingläubigen warten täglich auf ein Wunder, das ihre Probleme löst, ohne daß sie sich dafür anstrengen müßten. Und so schlucken mittlerweile über 10 Millionen US-Bürger das Zeug, und es werden immer mehr. Untersuchungen gehen davon aus, daß dieses Antidepressivum neben einer eher bescheidenen Wirkung beträchtliche Nebenwirkungen wie Gereiztheit, Schwindelgefühle, Schlaflosigkeit, Sexualprobleme nach sich zieht.

Hierzulande schätzt man die Zahl der Medikamentenabhängigen auf 1,2 – 2,5 Millionen. Allgemein sind Frauen etwa dreimal häufiger davon betroffen als Männer. Zirka 2000 Millionen Tagesdosen an Schmerz-, Beruhigungs-, Schlaf- und Aufputschmitteln werden jährlich umgesetzt. Die Mehrzahl dieser Produkte soll die Emotionen dämpfen, das Symptom abschwächen bzw. zudecken. Logischerweise schlägt das Problem, die Störung in doppelter Intensität zurück, sobald man das Medikament absetzt, desweiteren gewöhnen sich

Körper und Seele sehr bald an die jeweiligen Substanzen, und so wird früher oder später die Dosis erhöht. Und irgendwann ist sie wieder da: die große Angst, die Unruhe, die Depression, die Schlaflosigkeit, das große Loch, und dann hat man zwei Probleme: das alte der Angst und das neue der Medikamentenabhängigkeit. Wissenschaftler empfehlen, Schlafmittel nicht länger als drei Wochen und Beruhigungs- sowie Schmerzmittel nicht länger als sechs Wochen einzunehmen, um einem Abgleiten in die Sucht vorzubeugen. Für Dich jedoch, der Du von heute an Dein Leben in die eigenen Hände nimmst, sei bereits eine einzige Psychotablette zuviel. Wenn Du es nicht lernst, die Angst, die Trauer, die Wut zuzulassen und sie mit Deinen Dir von Natur gegebenen Möglichkeiten zu bekämpfen, dann gibst Du Dich auf. Wer sich auf die Chemie verläßt, der ist bald ganz verlassen. Es ist ein trügerischer Frieden, wie das Lachen im Alkohol-/Drogenrausch, wie Sex vor dem Computer, wie das große Abenteuer im Fernsehen, wie das verlogene Wohlgefühl, das sich einstellt, wenn man in 10 Minuten eine Tafel Schokolade verschlingt. Dazu Frederik Vester: »Wenn der Arzt uns mit einem Tranquilizer über einen tragischen Zwischenfall (...) hinweghilft, nimmt er uns die Möglichkeit, mit diesem Schicksalsschlag selbst fertig zu werden, unsere Erkenntnisse zu erweitern, daran zu reifen, dadurch weiterzukommen.«

Deprimo bedeutet niederdrücken, unterdrücken. Unterdrückt werden Angst, Wut, Trauer, Schuldgefühle, Selbstvorwürfe. Und je mehr dieser sogenannten negativen Gefühle unterdrückt werden, um so depressiver wird man, und schließlich richtet sich die geballte Wut gegen einen selbst. Und immer häufiger erwischt man sich bei dem Gedanken, durch eigene Hand aus der Welt zu scheiden. Unter jungen Leuten stellt der Suizid die dritthäufigste Todesart dar, in Japan und Dänemark ist es die Todesursache Nr. 1. Weltweit verüben etwa 3–4mal mehr Männer Selbstmord als Frauen.

Einem Suizid gehen meist zahlreiche Signale voraus: Schlafstörungen, Desinteresse, Antriebsmangel, Minderwertigkeitsgefühle, Zukunftsängste, Appetitlosigkeit, frühes Aufwachen, allgemeines Mißtrauen, ein großer Drang nach Süßigkeiten, Alkohol, Zigaretten, Rauschmittel, Fernsehen etc. Auch Ladendiebstahl bei Erwachsenen sowie Kaufrausch dürften dazu gezählt werden können. Depressive klagen oft über einen Mangel an Zuwendung und Geborgenheit in ihrer frühen Kindheit. Eine der bekanntesten Persönlichkeiten, die zeitlebens unter den Vernachlässigungen in ihrer Kindheit litt, war Marilyn Monroe. Sie verbrachte die ersten Jahre ihres Daseins überwiegend in Heimen. Auch als Erwachsene ließ die Depression nicht von ihr ab. Vielleicht wäre sie zu retten gewesen, hätte sie sich frühzeitig von dem aufreibenden Leben und dem zweifelhaften Ruhm zurückgezogen. Du jedoch, der Du nicht im Rampenlicht stehst, brauchst Dich nun nicht für den Rest Deines Lebens aus dem Verkehr zu ziehen. Mach es wie das Meer: Ebbe und Flut.

Von heute an wirfst Du sämtliche Schuldgefühle und Selbstvorwürfe von Bord. Du bist nicht schlechter als die anderen. Du bist nicht weniger wert als diese. »Die Menschen decken ihre Depressionen zu und verheimlichen sie. Jeder denkt, nur er ist schwach und schafft dieses Idealleben nicht, das uns immer vorgegaukelt wird« (Lisa Fitz). Von heute an machst Du das Beste aus dem, was Dir mitgegeben wurde. Von heute an stehst Du zu Deiner Eigenart. Du wirst unbequemer für den Rest der Welt und im Zweifelsfall eher einmal zu aggressiv als depressiv. Du wirst Deine Angst nicht mehr mit Pillen zudecken. Vor allem wirst Du lernen zu entspannen. Entspannung löst Ängste. Ohne Angst keine Depression. Suche, so oft als möglich, die Stille der Natur auf, schau in den weiten Himmel, erkenne, wie klein alle Menschen dagegen sind. Laufe durch Wald, Feld und Flur – stundenlang. Gehe angsterregenden Menschen und Situationen nicht mehr aus dem Weg. Suche sie so oft auf, bis sie Dir vertraut sind. Und wenn Dich die große Angst noch einmal heimsuchen sollte, so heiße sie willkommen: »Die Depression ist gleich einer Dame in Schwarz. Tritt sie auf, so weise sie nicht weg, sondern bitte sie als Gast zu Tisch und höre, was sie zu sagen hat» (C. G. Jung).

2 Alkoholismus

Tagtäglich sind die Medien voll schaurig-schöner Drogengeschichten, denn wo Drogen sind, da sind auch «sex and crime« nicht fern. Von Alkohol dagegen ist selten die Rede, obgleich die Sucht danach 15 – 20mal häufiger zum Tode führt. Man zählt heute hierzulande zirka 3 Millionen Alkoholabhängige, 56% der Bevölkerung trinken regelmäßig und sind somit auf dem schleichenden Weg in die Sucht. Im Jahre 1950 nahm der Durchschnittsdeutsche noch 3,0 Liter Alkohol zu sich, heute ist die Menge um das Vierfache gestiegen (allerdings tranken im Mittelalter diejenigen, die es sich leisten konnten, wesentlich mehr davon). Über 3000 Verkehrstote gehen auf das Konto Alkohol. Das Einstiegsalter sinkt von Jahr zu Jahr. Im Alter von 17 Jahren trinken 40% der männlichen und 28% der weiblichen Jugendlichen regelmäßig. Die Leber der Frauen benötigt dreimal so lange zum Abbau des Alkohols. 70% der regelmäßigen Alkoholtrinker sind männlichen, 30% weiblichen Geschlechts.

Mögliche Spätfolgen des regelmäßigen Alkoholgenusses: Bluthochdruck, Krebs, Leberschäden, Herzschäden, Impotenz, Übergewicht, Magenbeschwerden, Entzündungen der Bauchspeicheldrüse, Haarausfall, Absterben von Gehirnzellen (bei jedem Vollrausch werden Millionen von Zellen zerstört), Schlafstörungen, leichte Ermüdbarkeit, Vergeßlichkeit, Schädigung des Embryos bei Schwangeren, Mißgeburten, Schwächung des Immunsystems, Aggression, Depression und vieles mehr.

Wer sich angesprochen fühlt, der möge das Rad anhalten, ehe es ihn überrollt. Entziehe Dich nicht nur dem Alkohol, entziehe Dich auch vorübergehend den Reizen dieser Welt, werde Dir klar, wie Dein zukünftiges Leben aussehen könnte. Eine Selbsthilfegruppe ist sicherlich besser als eine Dauertherapie. Verwische Deine Probleme nicht mehr, indem Du sie zuschüttest, gaukle Dir nicht länger mit Alkohol eine heile Welt vor, die weder für Dich noch für andere existiert. Gehe Konflikten nicht aus dem Weg. Du sehnst Dich nach Kontakt und hast sogleich Sorge, daß man Dich nicht so annimmt wie Du (in nüchternem Zustand) bist. Angeheitert verschaffst Du Dir und den anderen kurzfristig die Illusion, locker und munter zu sein, dabei führt Dich regelmäßiger Alkoholismus ins genaue Gegenteil.

Gehe auf die Menschen zu, selbst wenn Du dabei vor Aufregung einen roten Kopf bekommen solltest oder Sprachstörungen. Das macht Dich menschlich und sympathisch und vergeht ganz von alleine. Zudem zeigt es Deinem Gegenüber, z. B. einem Angehörigen des anderen Geschlechts, daß Du es ernst und ehrlich meinst. Lerne Stille, Leere, Langeweile zu ertragen. Reagiere Dich ab durch Bewegung, statt Dich dem Fernseher, der Flasche, der Tablette zuzuwenden. 1 – 2 Gläser Wein, 1 – 2 Flaschen Bier mögen anregend wirken und die Stimmung auflockern. Du mußt allerdings auch aufhören können, sonst wird aus dem amüsanten Unterhalter ein jämmerliches, lästiges Häuflein Elend: «Wenn Du das Trinken aufgeben willst, schau dir mit nüchternen Augen einen Betrunkenen an« (altes chinesisches Sprichwort). Beschränke Deinen Alkoholkonsum auf zweimal die Woche, z. B. auf das Wochenende, und setze Dir ein Limit von jeweils maximal 3 Flaschen Bier oder 1/2 Flaschen Wein – Frauen nach Möglichkeit weniger. Wer zwischendurch, z. B. beim Abendessen, meint, nicht auf Alkohol verzichten zu können, der begrenze dies auf 1/2 Glas reinen Weins, evtl. unter Zusatz von Wasser oder bei Rotwein auch mit Apfel- oder Orangensaft gemischt.

3 Drogensucht

Ihrem Wesen, ihrem Ursprung, ihrer Problematik nach ist Drogensucht nah verwandt mit Alkoholismus, und so sind auch die Hintergründe und Lösungsmöglichkeiten ähnlich. Harte Drogen wie Kokain, Heroin oder auch die Modedrogen Ecstasy und Speed stellen ein todernstes Problem dar. Gefährdet sind vor allem diejenigen, welche eine schwere Kindheit hatten und privat und/oder beruflich keinen Anschluß finden.

Eltern, deren Kind drogengefährdet bzw. abhängig ist, sollten zunächst einmal ihre eigene Vergangenheit sowie die ihres Kindes Revue passieren lassen. Wahrscheinlich werden sie erkennen, daß sie mit ihrem Kind in einem Boot sitzen. Trotz aller verständlicher Verzweiflung vonseiten der Eltern bewirken ständige Vorhaltungen, Belehrungen, Ausgehverbote, der Versuch, den Kontakt mit der Clique zu unterbinden bei älteren Jugendlichen meist das genaue Gegenteil von dem, was man damit bezweckte. Das Thema Rauschgift sollte nicht zum Thema Nr. 1 werden. Ein gutes Vorbild der Eltern taugt allemal mehr als jede Belehrung. Zu fragen, wer mehr Schuld trägt, der Vater, die Mutter, die Erbfaktoren, der Bruder, die Schwester, die Freunde, die Gesellschaft... ist müßig, bringt keinen Schritt weiter, ist vergeudete Energie.

Der regelmäßige Gebrauch von Drogen und anderen Suchtmitteln ist letztendlich nichts anderes als eine Krücke gegen die Angst. Und so sei darauf zu achten, nicht die ganze Energie an die Krücke (die Droge) zu verschwenden, sondern das Übel an der Wurzel zu packen und die Angst anzugehen. Wer die Angst in die Schranken weist, wird Suchtmittel nicht mehr nötig haben. »Selbstvertrauen stärken, Konfliktfähigkeit fördern. Das schützt sie mehr vor Sucht und dem Mißbrauch von Alkohol, Tabletten oder Drogen als alle Warnungen und Verbote« (aus einer Kampagne der Bundeszentrale für gesundheitliche Aufklärung).

Nehmen Tochter oder Sohn (bzw. Partner) über einen längeren Zeitraum hinweg regelmäßig Drogen zu sich, ziehen sie sich immer mehr von Freunden und Verpflichtungen zurück, so gilt für die Eltern (den Partner) zunächst einmal, sich selbst zu schützen und nicht in Verzweiflung nach Tabletten zu greifen oder in Krankheit zu flüchten. Das würde weder dem drogengefährdeten Kind (Partner) helfen, noch dem Rest der Familie, auch dann nicht, wenn es zum allerschlimmsten Ende käme. Dir, als betroffene Mutter (Vater, Partner), dürfte eine Zeit der Stille und Zurückgezogenzeit wie unsere Sieben-Tage-Askese weiterhelfen. Gewinne Abstand, denke nicht nach, und am Ende der stillen Tage werden die Lösungsmöglichkeiten ganz von selbst vor Deinem geistigen Auge auftauchen. Im übrigen suche das Gespräch mit vertrauten Personen, Beratungsstellen, Selbsthilfegruppen. Ziehe zeitweilig Grenzen zwischen Dir und dem süchtigen Kind, lasse Dir nicht alles gefallen, aber schenke ihm weiterhin Vertrauen und Zuwendung, auch und gerade dann, wenn es Dich zurückweist. Mache ihm deutlich, daß Du es niemals ganz fallen lassen wirst, auch dann nicht, wenn eine örtliche Trennung unvermeidbar erscheint.

Rausch ohne Reue

kalt duschen

barfuß im Schnee laufen

nackt im Regen

Liebe

Achterbahn fahren

Sex

Wildwasserfahrten

schwimmen im Meer

toben mit Kindern und Tieren

meditieren

laute Musik

Sauna

tanzen

reiten

surfen

Ballspiele

ski-/schlittenfahrten

Langlauf

bergsteigen

radfahren

fasten

SCHWEIGETAGE

Gartenarbeit

4 Nikotinsucht

Was die Mädchen in punkto Alkohol noch nicht erreicht haben, das ist ihnen mittlerweile beim Rauchen gelungen: die Jungen einzuholen, 7 % der 12jährigen Mädchen und 6 % der 12jährigen Jungen rauchen mehr oder weniger regelmäßig. Was oft als Angabe, Gruppenzwang, Protest und Abgrenzung gegen die Welt der Erwachsenen eher harmlos seinen Anfang nimmt, wird allzu leicht zur Gewohnheit und damit zur Sucht, von der man gerne wieder lassen würde, wenn man nur könnte.

50 mg Nikotin auf einmal eingenommen ist tödlich. Das entspräche etwa 50 Zigaretten. Niemand wird so viele Zigaretten mit einem Male inhalieren, und deshalb stirbt auch niemand auf der Stelle. Es ist ein Tod auf Raten. Die Lebenserwartung eines Rauchers ist um durchschnittlich 10 Jahre geringer. »Nimmt man 1000 junge Menschen, die regelmäßig rauchen, wird, statistisch gesehen, im Durchschnitt einer von ihnen im Laufe seines Lebens ermordet, sechs sterben bei Verkehrsunfällen – und mehr als 300 werden an den Folgen des Tabakkonsums sterben«, so Professor Richard Peto, Oxford.

Rauchen erhöht das Risiko von Lungen-, Kehlkopf-, Blasen-, Nierenkrebs, Herzinfarkt, Arteriosklerose, Schlaganfall, Bluthochdruck, Bronchitis, Magen-/Darmgeschwüren, Impotenz, Schädigung des Ungeborenen, Schlafstörungen... Raucher haben gelbe Zähne, stinken aus dem Mund, auch riechen Haare, Kleidung, Gardinen, die Wohnung, das Auto. Jährlich werden mehr als 12000 Raucherbeine in unseren Landen amputiert: Beine, die nicht mehr ausreichend mit Blut und Sauerstoff versorgt, blauschwarz werden und zu faulen beginnen. Würde man Jugendlichen solche Beine vorführen, wären vielleicht weitergehende Belehrungen überflüssig.

Die Mehrzahl der Raucher, vor allem derjenigen ab 30, würde gerne lieber heute als morgen aufhören, wenn sie nur wüßten wie. Vor allem Frauen fürchten eine Gewichtszunahme. Sie nehmen im Zweifelsfalle lieber die Zerstörung im Inneren, dem zunächst nicht sichtbaren Teil ihres Körpers, in Kauf, als daß sie an Gewicht vorübergehend zunehmen, weil sie glauben, im grausamen Schönheitskampf nicht mehr mithalten zu können. Das aber ist ein Bund mit dem Teufel.

Wer sich nicht nur das Rauchen abgewöhnen möchte, sondern auch bereit ist, sein Leben zu ändern und dafür Sorge zu tragen, daß die Ursachen der Sucht wie Streß, unterdrückte Wut, Aggression, Hemmungen, Angst, Depressionen, Überforderung, Einsamkeit, Verlustangst, Langeweile ans Tageslicht befördert werden, der braucht sich um eine kurzfristige Gewichtszunahme von etwa 2 – 3 Kilo in einem Zeitraum von zirka 3 Monaten nach Beginn der Nikotinabstinenz keine Gedanken zu machen, denn er wird in der Lage sein, diese 2 – 3 Kilo mittels einer neuen Lebensweise, einer gesünderen Ernährung und reichlich Bewegung in weiteren 3 Monaten wieder abzubauen.

Forscher gehen davon aus, daß die Menge von maximal 5 Zigaretten am Tag noch nicht süchtig macht. Der typische Raucher jedoch konsumiert täglich 10 – 30 Stück und mehr, und das macht süchtig. Lange Zeit geheimgehaltene Untersuchungen der Zigarettenindustrie kamen zu dem Ergebnis, daß das Suchtpotential von Zigaretten dem des Heroinkonsums vergleichbar ist. Es gibt unzählige Methoden, sich von dieser Sucht zu befreien, die beiden einfachsten seien hier aufgeführt:

1. Die Schlußpunktmethode: Du hörst ab sofort auf und rührst von nun an keine einzige Zigarette mehr an. Dies ist die schnellste und sicherste Methode, wenn auch die härteste.

2. Die Langsam – aber – sicher – Methode: Du zählst genau die Menge der Zigaretten, die Du gestern geraucht hast, zum Beispiel 20. Von morgen an wirst Du jeden Tag eine Zigarette weniger rauchen. Notiere die jeweilige Zahl auf einem Kalender, den Du so plazierst, daß Du ihm nicht ausweichen kannst. Für den kommenden Tag legst Du Dir die errechnete Portion bereit und bittest Deinen Partner, restliche Zigaretten zu verstecken.

In der Übergangszeit achte darauf, nicht mehr beim Essen, in Gegenwart von Kindern, im Auto zu rauchen. Und wenn Dich dann doch einmal der große Drang nach dem Glimmstengel befallen sollte, so frage Dich zuerst: Warum will ich gerade jetzt rauchen? Was will ich zudecken? Was will ich verdrängen? Wie kann ich dem Unwohlsein auf andere Art und Weise entgegenwirken? Und wenn dir dazu absolut nichts einfällt, so geh hinaus, fahre Rad, spiele Fußball, Tennis, laufe einmal um den Block oder dreimal eine zwei Stockwerke umfassende Treppe hinauf und hinunter, oder drehe die Musik auf und tanze wie wild 10 Minuten lang. Anspannung löst man durch Entspannung und Bewegung, nicht mit Suchtmitteln.

5 Eßsucht/Übergewicht

Am Abend und am Wochenende geht es heiß her in Deutschlands Wohnstuben. Da wird gegessen und getrunken, was das Zeug hält. Und auch für reichlich Bewegung ist gesorgt: Man pendelt emsig zwischen Kühlschrank und Fernseher. Übergewicht ist eine Massenerkrankung. Etwa 50 % der Bewohner der Wohlstandsländer gelten als übergewichtig, davon noch einmal die Hälfte als fettsüchtig. Eine ausgeprägte Fettsucht ist tödlicher als Krebs. Herzerkrankungen, Bluthochdruck, Diabetes, Gicht, Nierenerkrankungen, Darm-/Magen-/Brust-/Prostatatumore, Venenentzündungen, Hämorrhoiden, Gelenkentzündungen, Depressionen sind einige der zahlreichen möglichen Folgeerkrankungen.

Wir essen aus Unzufriedenheit, Erschöpfung, Leistungsdruck, Unruhe Wut, Haß, Enttäuschung, Sehnsucht, Trauer, sexuellem Frust, Langeweile, Einsamkeit, Angst. Im Anschluß an den Eßanfall verspüren wir eine kurzfristige Befriedigung und Beruhigung, die jedoch nicht lange anhält, und so essen wir bald von neuem, und schon befinden wir uns mittendrin im Teufelskreis. Am Anfang hatten wir ein großes Problem, das der Angst, und nun haben wir zwei große Probleme: die Angst und die Eßsucht. Und da die meisten Menschen bei Problemen den bequemen Weg suchen, boomen Diäten, Pillen, Frauenzeitschriften, die alle das gleiche Wunder versprechen: rasches Abnehmen, ohne daß es weh tut. Gerne werden auch Appetitzügler und Abführmittel eingenommen, die auf Dauer gar nichts bewirken und außerdem jede Menge Nebenwirkungen zeigen. In den USA versucht man u. a. durch operative Abklemmung eines Darmstückes bzw. Verkleinerung des Magens der Sucht Herr zu werden: Chemie und Chirurgie im Kampf um die verstörte Seele. Und alle Jahre wieder werden Hunderte von neuen Diäten propagiert, die das ersehnte Wunder bringen sollen. Doch sämtliche Bemühungen werden im Wind verpuffen, solange wir nicht die seelischen Ursachen angehen, unser Leben umstellen, uns gesünder ernähren, uns mehr bewegen und immer wieder Orte der Stille und Reizlosigkeit aufsuchen.

Erkenne die hinter dem Drang, ständig essen zu wollen, verborgenen Emotionen und Frustrationen. Du hast Dir ein Fettpolster angelegt, als Schutzwall gegen die harte Welt, gegen Gefühlskälte, Zurückweisung. Aber das Fettpolster macht nicht nur häßlich und krank, es macht auch unsensibel für die schönen Momente des Daseins. Von heute an durchbrichst Du diesen Teufelskreis und wirst zum Kämpfer, und wenn Dich wieder einmal der Wunsch nach dem großen Essen überwältigt hat, so gibst Du noch lange nicht auf, sondern fastest einfach am darauffolgenden Tag. Jedoch stelle Dich nicht täglich oder wöchentlich auf die Waage. Fernziel ist es, das Thema Essen zu vergessen. Ohnehin ist es nicht unsere Absicht, so abgemagert auszusehen wie die Fotomodelle in den Medien. Es ist noch gar nicht lange her, da galt Dünnsein als Zeichen von Armut und Reizlosigkeit. Die Werbeindustrie verspricht eine Gewichtsabnahme von z. B. 6 Kilo in 6 Wochen. Das ist technisch gesehen kein Problem, aber es nützt rein gar nichts, wenn Du nicht zur gleichen Zeit Dein Leben und Deine alltäglichen Ernährungsgewohnheiten umstellst, sonst wirst Du jene 6 Kilo im Nu wieder zugenommen haben. Außerdem hast Du Deine Gesundheit aufs Spiel gesetzt, möglicherweise eine Menge Geld zum Fenster hinausgeworfen und eine schlimme Zeit durchgemacht. Einfacher und wirkungsvoller ist die Sieben-Tage-Askese.

Esse weniger Fett, Zucker, Salz, Fleisch, meide Genußmittel wie Alkohol, Kaffee, Schokolade und Chips. Nimm mehr Gemüse, Obst, Vollkornprodukte zu Dir und trinke häufig, jedoch überwiegend kalorienarme Getränke wie Quell-/Mineral-/Leitungswasser sowie ungesüßte Kräuter-/Früchtetees. Trinken spült den Dreck weg und dämpft das Hungergefühl. Besondere Vorsicht ist geboten bei »Zwischendurchnaschereien« am Tage, am Abend, am Wochenende, vor dem Fernseher (gegebenenfalls greife man zu Möhren, Vollkornbrot, Joghurt oder in geringen Mengen Samen und Körner). Ein Fastentag in der Woche sei anzuraten. Das bringt etwa 10 Kilo Mindergewicht im Jahr. Lege dazu einen ganz bestimmten Tag in der Woche fest. Es ist leichter, einen Tag auf feste Nahrung zu verzichten, als sieben Tage kontrolliert zu essen.

6 Magersucht

Zurückziehen als Selbstzweck, Askese als Lebensinhalt. Flucht vor der bösen Welt, den bösen Männern, der erwachenden Weiblichkeit. Fast ausschließlich handelt es sich um Mitglieder des weiblichen Geschlechts, die ihren Hunger nach Emotionen niederhalten, die die Ausformung der weiblichen Geschlechtsmerkmale und damit die drohende Sexualität und die Möglichkeit, schwanger zu werden, im Keim ersticken wollen.

Fasten, Askese, Zurückziehen machen den Menschen nur dann gesünder, freier, lebensstärker, wenn es auf einen begrenzten Zeitraum beschränkt bleibt. Alles andere ist Weltflucht. Wer mehr als 10 Tage fastet, riskiert ernste Gesundheitsschäden. Die betroffenen Mädchen und Frauen sind oft einseitig kopfbetont. Nicht selten ist der dominante Vater die Hauptbezugsperson. Inzest ist sicherlich einer der möglichen Auslöser für Magersucht. Es liegt nahe, die Eltern in eine Therapie miteinzubeziehen. In sehr ernsten Fällen, bei einem Untergewicht von weniger als 75 % des Normalgewichts bzw. 45 Kilo, sollte die Patientin sich vorübergehend von der Familie trennen und sich für einen stationären Aufenthalt bzw. eine Kur entscheiden, währenddessen Mutter und Vater eine Beratungsstelle aufsuchen oder Urlaub machen bzw. eine Sieben-Tage-Askese durchführen.

Meist sind die betroffenen Mädchen selbst überangepaßt und allzusehr leistungsbetont. Sie haben Angst vor dem Erwachsenwerden, fühlen sich durch das Bild der Frau in den Medien (jung, schön, schlank, sexy) bedroht und möchten am liebsten unsichtbar sein. Trotzdem brauchen gerade sie nichts dringender als den Kontakt zu Gleichaltrigen, Freundinnen und auch zu vertrauenswürdigen Erwachsenen und nicht zuletzt zu Angehörigen des anderen Geschlechts. Nicht jeder Junge will immer nur das eine. Die Flut ist zwar bedrohlicher als die Ebbe, aber ohne Flut kein Hochgefühl, kein Abenteuer, keine Leidenschaft, kein Glück, kein lebenswertes Leben.

7 Fernsehsucht

Wir brauchen keine Träume mehr. Sie werden uns Abend für Abend dargeboten und erfüllt, ohne daß wir uns anstrengen müssen. All unsere großen Sehnsüchte in nur 90 Minuten: die große Liebe, das einzigartige Abenteuer, die schönen Frauen, die starken Männer, die Welt des Reichtums und der Macht – die ganz großen Gefühle, alles frei Haus, auf Dutzenden von Programmen, demnächst auf Hunderten von Kanälen. Das wahre Leben findet für den Wohlstandsbürger des sich dem Ende zuneigenden 20. Jahrhunderts auf der Mattscheibe statt.

Wie gebannt sitzen wir auf dem gemütlichen Sofa, das Bier in der rechten, die Erdnüsse in der linken Hand und warten auf das große Glücksgefühl. Das jedoch will sich nicht einstellen, und so zappen wir von einem zum anderen Kanal, und wenn das eine Hollywoodmärchen beendet ist und uns die große Leere zu überkommen droht, so schalten wir um zum nächsten Märchen. Irgendwann hat auch diese verlogene Geschichte ihr Ende, und ehe das große Loch erneut nach uns zu greifen droht, nehmen wir noch rasch einen Schluck aus der Flasche oder eine Schlaftablette und hoffen auf den morgigen Fernsehabend.

»Heute kapseln sich die Leute zu Hause ab und gucken nur noch blödsinnige TV-Serien; sie sehen 40 Morde und 15 Vergewaltigungen pro Tag. Daran haben sie soviel Spaß, daß sie kaum noch das Haus verlassen« (Philippe Stark, franz. Kulturkritiker). Je mehr wir dem Fernsehen verfallen, um so größer klafft sie auseinander – die Schere zwischen Realität und Scheinwelt, desto unzufriedener werden wir, um so mächtiger der Drang nach dem nächsten Fernsehabenteuer. Und wenn dann die Ersatzbefriedigungsmaschine Nr. 1 ausgeschaltet ist, fallen wir in uns zusammen, werden immer kleiner, denn niemals werden wir so schön, so stark, so mutig, so reich, so gescheit, so schlagfertig, so witzig, so leidenschaftlich sein wie diese Ideale.

Alles Lüge und Betrug auf der Mattscheibe. Das große Abenteuer, der blutige Kampf bestehen aus Trickaufnahmen, und wer da so todesmutig vom Pferd stürzt, ist ein Double. Die große Leidenschaft im Bett muß 20mal von neuem gedreht werden, weil sich Leidenschaft nicht auf Anordnung einstellen kann. Die amerikanische Autorin Jacqueline Susan hat vor Jahren einen Bestseller geschrieben, der zusammen mit »Vom Winde verweht« zum größten Verkaufsschlager aller Zeiten wurde: «Das Tal der Puppen«. Sie schildert darin die wenigen Freuden und die zahlreichen Leiden der Filmstars und bezeichnet mit Puppen Tabletten, welche unsere Vorbilder aus Funk und Film zu sich nehmen, wie Brot und Butter, so auch die Mega-Stars des 20. Jahrhunderts: Marilyn Monroe, Elvis Presley, Michael Jackson.

Es ist eine künstliche Welt, der wir die wichtigste Zeit unseres Tages opfern, die Zeit des Feierabends nach getaner Arbeit, zu der wir endlich Dinge tun könnten, zu denen wir sonst nicht kommen. Der Abend ist auch die Hoch-Zeit der Gefühle und Leidenschaften, die wir niederdrücken, wenn wir uns vor dem TV berieseln lassen. Immerhin könnte man sagen, der Erwachsene sei selbst schuld, wenn ihm nichts Besseres einfällt, als passiv vor dem Fernseher auf das zu warten, was ihm nur das wirkliche Leben geben kann.

Kriminell jedoch wird es, wenn wir einen Blick auf die Freizeitwelt unserer Kinder werfen. Gehe einmal an einem sonnigen Nachmittag durch die Dörfer und Städte. Suche sie am Bach, im Wald, im Park, auf dem Feld, Du wirst sie nicht finden: die lieben Kleinen. Ein Wissenschaftler will errechnet haben, daß ein Durchschnittskind im Jahr 11000 Stunden in der Schule, jedoch 15000 Stunden vor dem Fernseher verbringt. Die Mehrzahl der Kinder sitzt an Werktagen zwischen 2 und 5 Stunden vor dem Gerät. In den USA läuft der Fernseher 7 Stunden täglich an einem Stück, selbst beim Lesen, beim Essen, beim Telefonieren, beim Stricken und Bügeln, während der Unterhaltung: Der Fernseher ist selbstverständlicher Teil des Familienlebens geworden. Nicht wenige Schlüsselkinder kommen mittags von der Schule in ein leeres Haus, gehen zum Kühlschrank oder dorthin, wo die Süßigkeiten bereitliegen, schalten den Kasten ein und wiegen sich in dem trügerischen Gefühl, nicht alleine zu sein.

Nicht nur, daß der ständige Wechsel der Bilder zu permanenter Reizüberflutung führt, zu Augenbeschwerden, Kopfschmerzen, Magen-/Schlafstörungen und dergleichen. Die selbstverordnete Passivität und der Bewegungsmangel begünstigen u. a. auch Rückenschmerzen, Rheuma, Übergewicht, Konzentrationsschwierigkeiten. Fernsehen ist die bedrohlichste, gefährlichste Massendroge unserer Zeit, denn sie potenziert alle anderen Drogen, Süchte. Wer regelmäßig Fernsehen schaut, befindet sich im Dauerstreß, leidet unter Dauerfrust, trinkt mehr Alkohol, raucht mehr Zigaretten, schluckt mehr Tabletten, ißt mehr.

Solltest Du Dich angesprochen fühlen, so springe vom Zug, hier und heute, ehe der Zug zu schnell geworden ist und Du nicht mehr abspringen kannst und den Rest Deines Lebens vor dem Kasten verkümmerst: dick, fett, süchtig, übelgelaunt, krank. Von heute an benutzt Du das Fernsehen nicht mehr zum Trost, nicht mehr gegen die Langeweile, gegen Einsamkeit, Ärger und Wut, als Ersatz für Deine Träume und Sehnsüchte, und schon gar nicht mehr aus purer Gewohnheit.

Von heute an wirst Du nur noch gezielt fernsehen:

Sieben Regeln für einen sinnvollen Umgang mit dem Fernsehen

1. Du legst mindestens einen, besser zwei oder drei fernsehfreie Tage in der Woche fest, und zwar jeweils für einen bzw. zwei oder drei ganz bestimmte Tage. Du hältst diesen Tag (diese Tage) stur ein, am besten schaust Du erst gar nicht in der Fernsehzeitschrift nach, was Du eventuell verpaßt, oder aber Du nimmst die Sendung auf.

2. Du setzt Dir eine persönliche Obergrenze, z. B. 90 Minuten bzw. eine Spielfilmlänge. Die hältst Du ebenfalls stur ein, komme was wolle, auch am Wochenende, bei Regen, Wind und Kälte, erst recht bei Krankheit (ein TV-Gerät im Krankenzimmer verzögert jede Genesung).

3. Von heute an wirst Du nie wieder das Spielchen der Frustrierten mitspielen und von einer Sendung zur anderen zappen. Wenn Dir der ausgewählte Film nicht zusagt, dann tu Dir etwas Gutes und schalte das Gerät ab.

4. Du kreuzt 7 oder 14 Tage vorher in der Programmzeitschrift diejenigen Filme an, die Dich wirklich interessieren oder die Dir wichtig erscheinen. Etwas anderes kommt für Dich nicht mehr in Frage, auch dann nicht, wenn Dich die große Langeweile und der große Frust überkommen.

5. Du gewöhnst Dir ab, beim Fernsehen Mahlzeiten, Alkohol, gesüßte Getränke zu Dir zu nehmen sowie Zucker- und Salzgebäck und ähnliches. Und wenn Du meinst, Du schaffst das nicht, so verschiebe das Trinken von Genußmitteln sowie das Naschen auf das Wochenende und lege Höchstgrenzen fest.

6. Lasse Dich niemals von Werbung berieseln. Die Bilder wechseln noch rascher, der Inhalt ist noch verlogener. Zappe auch nicht während dieser Zeit auf andere Programme um. Miß mit der Uhr einmal die jeweiligen Werbezeiten der von Dir bevorzugten Programme, damit Du weißt, wann Du wieder anschalten bzw. zurückkehren mußt. Filme der Privatsender, die ständig von Werbung unterbrochen werden, möge man aufnehmen und am folgenden Tag die Werbeblöcke vorspulen.

7. Nutze die Pausen zwischen den Werbeblöcken oder zwischen zwei Sendungen für einen Gang an die frische Luft oder einige Minuten Bewegung, Gymnastik, Sport, Yoga, Kniebeugen, Treppensteigen im Haus.

Was tun in der fernsehfreien Zeit?

Aller Anfang ist schwer. Vielleicht hast du vergessen, daß es da noch etwas anderes gibt und das nicht nur am Wochenende, sondern auch in der Arbeitswoche. Gerade im Alltag ist es wichtig, sich zu bewegen, ein Hobby zu pflegen, mit Menschen Kontakt aufzunehmen: mit Menschen aus Fleisch und Blut! Auch ständiges Bücherlesen kann manchmal Weltflucht sein, allerdings sei das Lesen im Zweifelsfall dem Fernsehen vorzuziehen. Andererseits wirst Du, wenn das Fernsehen nicht mehr Gewohnheit ist, einen guten Film erst recht zu schätzen wissen. Genieße den einen Spielfilm, das Fernsehspiel, die Dokumentation, die Show wie ein gutes Glas Wein. Was selten ist, wird kostbar.

Für Kinder seien ein Maximum von 60 Minuten täglich sowie zwei fernsehfreie Tage in der Woche das Gegebene. Auch das Wochenende ist nicht dazu gedacht, von morgens bis abends vor dem Bildschirm zu verkümmern. 90 Minuten am Samstag oder Sonntag seien für Kinder die Obergrenze. Der Sonntag sollte ein Tag der Ruhe und der Stille, ein Tag des Zurückziehens sein. Das ist für Kinder oft gleichbedeutend mit Langeweile. Aber Langeweile hat ab und an seine Berechtigung. Es zwingt das Kind, ruhig zu werden, neue Kräfte zu sammeln und spätestens dann, wenn die Langeweile zur Qual wird, werden dem Kind unzählige neue Möglichkeiten der Freizeitgestaltung einfallen. Langeweile macht kreativ. Not macht erfinderisch. Auf einmal sitzen sie vor dem Malblock, oder sie lesen ein Buch oder bauen mit Klötzchen und erfinden Dinge, die nur sie erschaffen haben, oder sie gehen an die frische Luft und toben sich aus.

Besorgte Eltern fragen nach, welches aus der verwirrenden Vielfalt der heutigen Kinderprogramme wohl das beste für ihr Kind sei. Die Antwort ist recht einfach: Die beste Kindersendung findet draußen statt. Jede Sendung, die das Kind nicht geschaut hat, bringt es ein Stück weiter voran auf dem Weg zu mehr Kreativität, Phantasie, Sensibilität, Kontaktfähigkeit, Bewegung und der Vorbeugung von Streß, Sucht und Krankheit.

33 kleine Schritte auf dem Weg zu Gesundheit und Lebensfreude

1. Liebe ist niemals vergebens

Auch wenn die ganz große Liebe zunächst einem Phantom gilt, einer Traumfrau, einem Traummann, den man sich nach den kindlichen Vorbildern aus Grimms- und Hollywoodmärchen und den eigenen höchst egoistischen Wünschen und Bedürfnissen zusammengebastelt hat – und so die Ernüchterung naturgemäß nicht lange auf sich warten läßt –, so lohnt es sich doch, für die große Liebe zu kämpfen und alles zu geben; denn die Welt kennt kein zweites Gefühl, das diesem gleichkommt.

Und sollte der Rausch der großen Liebe auch nur einige Zeit anhalten und schließlich ein Zustand bleiben, der unter die Rubrik der Zweckgemeinschaft fällt, in der man sich gegenseitig versorgt und ein Nest baut für sich und den Nachwuchs, dann hat es sich bereits gelohnt. Sollte im Laufe der Jahre die Flamme der Liebe hin und wieder noch einmal auflodern, so hat es sich mehr als gelohnt, denn ein Leben zu zweit mag mitunter wie Himmel und Fegefeuer sein, ein Leben alleine jedoch ist auf Dauer die Hölle. »Das ist schwer: ein Leben zu zweien. Nur eines ist noch schwerer: einsam sein« (Kurt Tucholsky, 1890–1935).

2. Du mußt Dich nicht gleich scheiden lassen

Jede dritte Ehe wird hierzulande geschieden. Man sagt, das sei viel. Bedenken wir jedoch, daß wir heute die in dem Maße nie zuvor gekannte Freiheit haben, den Partner auszuwählen, zu prüfen – ohne wirtschaftliche, religiöse und traditionelle Zwänge. Bedenken wir, wie verschieden Frau und Mann sind und daß Traumfrauen wie Traummänner nur an einem einzigen Ort existieren, nämlich im Traum, so müßten wir uns eher wundern, daß von drei Ehen zwei bestehen bleiben.

Bemerkenswert ist, daß der Großteil der Geschiedenen nach einer Phase des Übergangs, hin und hergerissen zwischen Freiheitsrausch und Depression, nichts Besseres zu tun weiß, als Tag und Nacht immer nur an das eine zu denken: Wer erlöst mich endlich aus meiner Einsamkeit? Und dann geht alles zu wie beim ersten Mal. Zwei einsame Herzen finden sich, zeigen sich von ihrer besten Seite, kosten – vor Liebe blind – die Zeit der Leidenschaft aus, ziehen zusammen, und einige Jahre darauf stellen sie fest, daß sie im Grunde genommen auf den gleichen Typ »hereingefallen« sind, denn die Grundmuster für den späteren Lebenspartner werden bereits in der Kindheit gelegt.

Ob Frau oder Mann sich durch eine Scheidung verbessern oder nicht, werden sie erst Jahre später herausfinden, aber ein Opfer steht von vorneherein fest: das Kind. Es gibt sicherlich Fälle, in denen eine Scheidung anzuraten ist. Jedoch, wenn Frau und Mann zu Beginn ihrer Beziehung genügend Zeit fanden, sich kennenzulernen, wenn sie die Möglichkeit hatten, für mindestens ein Jahr zusammenzuleben, bevor sie sich durch Schwangerschaft oder Trauschein aneinander banden, wenn beide glauben, sich einmal geliebt zu haben, dann ist eine Scheidung im allgemeinen nicht notwendig.

Wem es gelingt, sich weiterzuentwickeln, zu sich selbst zu finden, eigene Bereiche zu schaffen, ohne den anderen gleich vor die Tür zu setzen, der hat womöglich den größten Sieg errungen. Flucht oder Angriff lautet das Naturgesetz. In unserem Falle versuche es erst mit dem Angriff, bevor Du die Flucht ergreifst.

Und wenn Dein Partner eines Tages auf Dich zukommt mit den Worten: »Es ist aus«, dann verfalle nicht sogleich in Trübsinn. Laufe ihm auch nicht hinterher und werfe Dich nicht dem Nächstbesten an den Hals, sondern ziehe Dich zurück, gehe in Dich, suche die Stille, die ersten Tage werden hart sein, Du weinst und schreist und fühlst Dich allein und verlassen. Doch dann wirst Du ruhiger und stark, und am Ende dieser Tage wirst Du wissen, ob es sich lohnt, für diese Partnerschaft zu kämpfen, oder ob es angebracht ist, den anderen seiner Wege ziehen zu lassen.

3. Frauenlust und Männerlust sind so verschieden wie Tag und Nacht

Wären Frau und Mann nicht so verschieden, würden sie niemals zusammenkommen, denn die Gegensätze sind es, die uns anziehen. So unterscheiden sich Frauen und Männer nicht nur in ihrer körperlichen Erscheinung, sondern auch in ihrem Seelen- und Gefühlsleben und schließlich auch in ihren erotischen Vorstellungen und Gelüsten. Folglich ist es ein seltenes Ereignis, wenn beide zur gleichen Zeit in der gleichen Art und Weise ein und dasselbe wollen und dabei auch noch gleichermaßen Spaß haben. Der große Frust ist vorprogrammiert.

Alle 8 Minuten denkt der Mann an Sex, wollen Wissenschaftler herausgefunden haben. Das wäre 120mal am hellichten Tage. Tatsache ist, daß ein Durchschittsmann quantitativ gesehen, wesentlich häufiger an das eine denkt als die Frau, und das geht u. a. einher mit der Höhe des Testosteronspiegels, der bei jungen Männern den höchsten Wert erreicht. »Bei dem Manne folgt die Liebe der Lust, beim Weibe folgt die Lust der Liebe« (Franz von Baader, 1765–1841).

So wundert es uns nicht, feststellen zu müssen, daß das für beide Beteiligte gleichermaßen große und befriedigende Erlebnis letztendlich vielleicht einmal im Monat stattfindet. Aber selbst, wenn es nur einmal in drei Monaten dazu käme, so lohnte es sich doch. Denn die erotische Leidenschaft ist zu einer Zeit, in der Abenteuer gemeinhin aus zweiter Hand, nämlich vor dem Bildschirm, erlebt werden, eines der letzten großen Naturereignisse, vergleichbar mit der Ersteigung eines Dreitausenders, einem Stierkampf oder der Geburt eines Kindes.

Vermutlich würden zahlreiche Menschen ihre naiven Erwartungen beruhigt herunterschrauben, wenn sie wüßten, daß das Bild, das die Medien – allen voran die Illustrierten und das Fernsehen – zeichnen, übertrieben und verlogen ist und wenig mit der Realität, dafür um so mehr mit meist männlichen Wunschträumen bzw. Verkaufszahlen zu tun hat. Wer das durchschaut, wirft Ballast ab und Leistungsdruck, der muß die Schuld für diese zum Teil von der Natur vorgegebene Enttäuschung nicht länger bei sich selbst suchen, der wird freier und gelöster und vermag die dann selteneren, aber kostbareren erotischen Begegnungen um so mehr auszukosten.

4. Regelmaß tötet jegliche Leidenschaft

Zu den großen Unterschieden der Geschlechter gehört, daß der Mann, zumal wenn er jung ist, fast immer will, zumindest, wenn ein attraktives weibliches Wesen in der Nähe weilt und er selbst nicht gerade unter erhöhtem Streß steht. Vor allem junge Frauen neigen dazu, sich den Bedürfnissen des männlichen Partners nach regelmäßigem Sex anzupassen. Sie tun sich und auf längere Sicht auch ihm damit keinen Gefallen. Ihren Schmerz können sie nicht auf ewig bei sich behalten. Es wird sie traurig oder krank werden lassen oder wütend – letzteres wäre noch die gesündeste Reaktion. Auch wird es sie davon abhalten, sich zu melden, wenn sie von ihm das eine will. Es kann kein erfülltes Sexualleben zwischen Frau und Mann geben, das auf Regelmäßigkeit beruht.

Der Frau sei geraten: Du bist nicht verpflichtet, für das sexuelle Wohlergehen Deines Partners zu sorgen. Melde Dich, wenn Dein Gefühl Nein sagt, selbst dann, wenn Ihr Euch mitten in einem Liebesspiel befindet. Laß es niemals über Dich ergehen, um des lieben Friedens willen. Auch wenn das viele Frauen tun, tu Du es nicht. Es wäre der Anfang vom Ende. Für Mann und Frau gelte: Wenn die Stunde geschlagen hat, dann schmiedet das Feuer, solange es heiß ist.

5. Werde fremd und begehrenswert

Das Fremde lockt, Gleiches stößt sich ab, Vertrautes langweilt und verliert an Reiz. Wer kennt das Gefühl nicht: Wenn der Partner den ganzen Tag um einen herum ist, dann wünscht man ihn irgendwann zum Teufel, wenn er längere Zeit abwesend ist, dann sehnt man sich nach ihm.

Werde wieder fremd, dann wirst Du auch begehrenswerter. Verbringt nicht die gesamte Freizeit miteinander. Schaut euch nicht Abend für Abend auf dem gleichen Sofa den gleichen Film an. Nimm Dir ein eigenes Zimmer, richte es nach Deinem Geschmack ein, geh Deinen Interessen nach. Verweigere faule Kompromisse. Du wirst Dich wohler fühlen und gesünder, entspannter, und ganz nebenbei wirst Du für Deinen Partner interessanter, spannender, geheimnisvoller, begehrenswerter.

Laßt Euch nicht vom Moloch Alltag unterkriegen. Geht hinaus, tut Dinge, die Ihr schon lange nicht mehr getan habt. Überrasche Dein Gegenüber mit einem persönlichen Geschenk, einem ausgefallenen Essen bei Kerzenschein, einem Ausflug, einer Kino-/Theaterkarte, einem Gedicht, einem Liebesbrief... Sei wieder kreativ und phantasievoll wie Du es zu Beginn Deiner Liebeswerbung einmal warst. »In der Ehe muß man einen Kampf gegen ein Ungeheuer führen, das alles verschlingt: die Gewohnheit« (Honoré de Balzac, 1799–1850).

6. Du mußt nicht von allen geliebt werden

Vermutlich hast Du wie die meisten Menschen bisher einen nicht unwesentlichen Teil Deiner Energie daran verschwendet, um von allen Menschen, zumindest aber von denjenigen, die Dir wichtig sind, geliebt, akzeptiert, respektiert, anerkannt, beachtet zu werden. Ein fruchtloses Unterfangen. Nicht jeder Deckel paßt auf jeden Topf.

Liebe ist spontan. Du brauchst es erst gar nicht zu versuchen, von jedem Dir nahestehenden Menschen jeden Tag geliebt zu werden. Du brauchst Dir auch keine Mühe zu geben, den Menschen, die Dir etwas bedeuten, Deinerseits täglich liebevolle Gefühle entgegenzubringen. Es wird Dir nicht gelingen, selbst bei Deinen eigenen Kindern nicht, auch nicht bei Deinen Eltern, nicht bei Deinem Partner und erst recht nicht bei Dir selbst. Das muß es auch nicht.

Für Liebe gibt es keine Garantie. Liebe gilt immer nur für den Augenblick. Blicke dieser Tatsache ins Auge, dann befreist Du Dich und Deine Mitmenschen von einem großen Druck. Die Erwartungen werden kleiner und damit auch die Wahrscheinlichkeit, enttäuscht zu werden. Es bleibt mehr Luft und Raum, eigene Wege zu gehen. Das macht Dich freier und liebenswerter. »Sei liebenswert, wenn Du geliebt werden willst« (Ovid, 43 v.–18. n. Chr.).

7. *Sei wie Du bist*

Wie es unmöglich ist, alle Menschen zu lieben oder von allen Menschen geliebt zu werden, so ist es auch nicht möglich, sich selbst immerzu liebzuhaben. Denn auch Du bist nicht immer liebenswert. Du kennst Deine dunklen und manchesmal auch sehr egoistischen Seiten am besten. Du weißt zu gut, daß Du unvollkommen bist. Steh dazu.

Es ist nicht notwendig, sich selbst immerzu gut zu finden und liebenswert. Es genügt, wenn Du lernst, Dich so zu nehmen, wie Du bist. Laß Dich nicht von den ach so selbstbewußten Menschen, die Dir tagtäglich über den Weg laufen, blenden. Entweder sie überspielen damit ihre Minderwertigkeitsgefühle oder ihre Oberflächlichkeit.

Versuche erst gar nicht, so zu werden wie die anderen: Du wirst niemals eine Steffi Graf, Madonna, Claudia Schiffer, niemals wie Arnold Schwarzenegger oder Boris Becker. Und das ist gut so. Die Menschheit will nicht eine Kopie. Sie will Dich als einzigartiges Individuum. Wenn Du Dich selbst annimmst, wirst Du freier und selbstbewußter, und dann werden Dich auch die anderen annehmen, und wenn die Zeit dafür reif ist, auch lieben.

8. Du bist nicht wie die anderen

Es gibt keine Norm. Demnach gibt es auch den normalen Menschen nicht. Und folglich bist Du auch nicht normal. Das muß so sein. Wären die Menschen gleich, würde es keine Weiterentwicklung geben. Wir alle sind letztlich Außenseiter und immer auf der Suche nach jemandem, der uns wirklich versteht. Das ist Energieverschwendung. Niemand wird uns je verstehen können, weil niemand so ist wie wir.

Da es allen Menschen so ergeht, brauchst auch Du Dir zukünftig keine Gedanken mehr darum zu machen, inwieweit Du ein Außenseiter bist und was Du alles unternehmen solltest, um so zu sein, wie die anderen. Die anderen gibt es nicht. Jeder ist einmalig. Sei stolz auf Deine Einmaligkeit und darauf, daß Du den Menschen etwas geben kannst, was sie alleine nur von Dir bekommen können.

9. Du bist nicht sanftmütig

Die Natur ist alles andere als friedlich. Sie schickt uns Donner und Blitz, Erdbeben, Vulkanausbrüche, Meteoriteneinschläge, Pest und Tod.

Die Tiere sind nicht friedlich. Der Größere frißt den Kleinen. Unsere kuschelige Hauskatze pflegt erst einmal mit dem zu Tode erschrockenen Mäuschen zu spielen, bevor sie dieses genußvoll zerfleischt. Die putzigen Marienkäfer fressen Angehörige ihrer eigenen Art, gelegentlich auch ihre Geschwister, auch werden sie häufig von Geschlechtskrankheiten heimgesucht, da sie den Partner ständig wechseln.

Löwen- und Bärenväter töten die Kleinkinder ihrer zukünftigen Gefährtin, bevor sie mit dieser eigenen Nachwuchs zeugen. Auch unsere nächsten Verwandten, die Schimpansen, wurden gelegentlich beim Führen von Kriegen und Töten von Artgenossen beobachtet. Alle diese Tiere gehören zu unseren Vorfahren, und das Programm, nach dem diese vorgehen, ist auch noch Teil desjenigen Programms, das sich in unserem Stammhirn tagtäglich abspult.

Der Mensch ist ein Kind der Natur und ein Abkömmling der Tiere. »Ich grüße den Menschen und den Tiger in mir« (chinesisches Sprichwort). So ist auch der Mensch nicht ein nur friedliebendes Wesen und war es zu keiner Zeit gewesen. Warum solltest gerade Du es sein? Du bestehst aus friedlichen und weniger friedlichen Charakterzügen, aus Gut und Böse. Wenn Du jedoch Deine aggressive Natur ständig unterdrückst, so wird sie eines Tages großes Unheil anrichten, entweder in Form von Gewalt gegenüber anderen oder gegenüber Dir selbst.

Wer immerzu den Sanftmütigen spielt, wird ausgenutzt und übersehen, depressiv, krank, süchtig. Krankheit ist der Kampf am falschen Ort, Sucht die letzte Zuflucht derjenigen, die aufgegeben haben zu kämpfen. Die ewig Sanftmütigen machen nur denjenigen Freude, die gut an ihnen verdienen, den Ärzten und Apothekern, bei denen sie Stammgast sind.

Von heute an mimst Du nicht mehr den Sanftmütigen, den Lieben, Braven, Netten, Geduldigen, Bequemen, das geborene Opferlamm, den Sündenbock. Du lernst, Dich rechtzeitig zu melden, zu wehren, Halt und Nein zu sagen, Deinen Zorn, Deine Wut, Deine Enttäuschung nach außen zu tragen, für Deine Bedürfnisse und Träume zu kämpfen. Von heute an wirst Du unbequem und mutig, und Du wirst es nicht mehr nötig haben, Dich in Krankheit, Sucht und Depression zu flüchten.

10. Nimm Deine Launen an, wenn Du die Tage hast

»Die Tage« haben es in sich: 80 % der von Frauen verübten Autounfälle spielen sich ab in den letzten Tagen vor sowie in den ersten Tagen der Menstruation. In der gleichen Zeit geschehen rund 80 % der von Frauen verübten Gewaltverbrechen und sonstigen Straftaten (vom Mord bis zum Ladendiebstahl). Auch Selbstmordversuche, Prüfungsversagen, Bedienungsfehler im Umgang mit Maschinen treten gehäuft auf.

Solange Gesellschaft, Politik und Arbeitswelt noch ungenügend Rücksicht nehmen auf die Besonderheiten sowohl der weiblichen Gefühlswelt wie die des weiblichen Körpers, solange kämpfe Du für Deine Interessen und Dein Wohlergehen.

Tu in diesen Tagen, was immer Du tun willst, nur eines nicht: Kneble Deine Wildheit nicht mit Tabletten und dergleichen. Reiß Dich nicht zusammen. Laß die Wölfin in Dir heraus. Werfe mit Tassen und Tellern, wenn Dir danach zumute ist. Nach einem Gewitter ist die Luft besonders rein. Laß den Druck heraus, das Gift, die aufgestaute Wut, die Du viel zu lange zurückgehalten hast. Aber wundere Dich nicht, wenn Deine Mitmenschen Dich nicht verstehen, vor allem dann, wenn sie dem männlichen Geschlecht angehören. Den Männern sei geraten: Haltet es aus, hört zu und schweigt, denn unterdrückte Gefühle machen krank, deshalb lieber einen Gefühlsausbruch zuviel als einen zuwenig. Du machst Dir Luft und weist zugleich Deine Mitmenschen in die Schranken. Sie werden Dich eine Zeitlang in Ruhe lassen, und das ist es, was Du jetzt brauchst.

Manche Naturvölker haben Frauenhäuser, in die sich die Frauen in dieser Zeit zurückziehen. Auch die Schimpansenweibchen suchen in diesen Tagen vermehrt Ruhe und Stille, indem sie z. B. länger auf den Bäumen verweilen als gewöhnlich. »Der emotionale Tiefpunkt, den Frauen kurz vor der Menstruation erfahren, ist nicht allein auf physische Umwälzungen zurückzuführen, sondern in gleichem Maße auch auf mangelnde Zurückgezogenheit und In-sich-Gekehrtheit, während der man sich erneuern kann« (Clarissa Estés in »Die Wolfsfrau«).

Zieh auch Du Dich zurück, wenn Dir danach ist, nimm Dir das Recht auf Schonung in der Familie wie im Beruf. Bestehe auf Rücksichtnahme bereits in den 2 – 3 Tagen, die der Menstruation vorausgehen. Sollte Dir jedoch mitten in diesem sinnvollen Gefühlschaos der Sinn nach körperlicher Liebe stehen, so ergreife die Gelegenheit am Schopfe, denn die Zeit der größten Empfindsamkeiten macht auch empfindsam für körperliche Genüsse.

11. Sage nein, wenn Du nein meinst

Vielleicht gehörst Du auch zu der großen Schar derer, die ja sagen, wenn sie nein meinen und dabei die Faust in der Tasche machen. Nach außen hin lächeln, weil sie von allen geliebt werden möchten und immer darauf bedacht sind, Frieden und Harmonie herbeizuführen und zu erhalten – in der Familie wie auch am Arbeitsplatz.

Oder ist es bloß die nackte Angst vor Liebesentzug, vor Zurückweisung, vor Zornesausbrüchen, die uns hindert, im rechten Augenblick nein zu sagen? Wie dem auch sei, es führt kein Weg daran vorbei: Wer gesund und frei sein will, der muß lernen, nein zu sagen, Grenzen zu ziehen. Das ist am Anfang schwer und führt bei den Dir Nahestehenden womöglich zu Mißverständnissen. Aber am Ende gewinnen alle. Denn die Menschen fühlen sich eher hingezogen zu den Mutigen, Frechen, Selbstbewußten, Offenen, Spontanen als zu den Lauwarmen, Wachsweichen, die es immer allen recht machen wollen und dabei selbst auf der Strecke bleiben.

12. Manchmal mußt Du Mauern bauen

In Zeiten der Not, der Krankheit, des großen Stresses kann es sinnvoll, gesund und manches Mal lebensrettend sein, sich für eine gewisse Zeit abzukapseln, zurückzuziehen, zuzumauern. Denke oder sprich es aus: Ihr könnt mir alle gestohlen bleiben. Ich nehme mir jetzt einige Tage nur für mich: Nach mir die Sintflut. Das muß hin und wieder sein, Du schaffst Dir Luft und Raum und wirst bald darauf gestärkt auftauchen, um sodann um so intensiver und aktiver am Leben teilzunehmen.

Man sagt, wer für alles offen ist, der kann nicht mehr ganz dicht sein. In unserem Falle hieße das: Wer es allen recht machen will, der ist weder klug noch mutig und wird es *einem* mit Sicherheit nicht recht machen können: sich selbst. Wer jederzeit meint, zu jedermann freundlich, nett und höflich sein zu müssen, der unterdrückt seine eigenen, naturgegebenermaßen, manchmal auch destruktiven Gefühle. Wer Gefühle unterdrückt, wird krank, süchtig, depressiv oder gewalttätig, und damit ist den Mitmenschen auch nicht gedient.

13. Du bist nicht für alles verantwortlich

Der größte Teil Deines Wesens sowie des Wesens Deiner Kinder ist durch Vorgaben und Umstände festgelegt, die Du nicht zu beeinflussen vermagst. Etwa 50 % der persönlichkeitsbildenden Anlagen wie Charakter, Intelligenz, Begabung, Temperament sind angeboren und beruhen auf dem zufälligen Zusammentreffen bestimmter Erbfaktoren.

Weitere entscheidende Prägungen finden vor allem in der Phase der Schwangerschaft sowie der frühen Kindheit statt: vonseiten der Mutter zu etwa 15 – 25 %, des Vaters zu etwa 5 – 15 %, der Geschwister zu etwa 5 – 10 %, der Umwelt und Gesellschaft zu etwa 5 – 10 % und sonstiger Bezugspersonen wie Oma, Opa, Tagesmutter, Kindergärtnerin, Lehrer/in, Spielkameraden zu etwa 1 – 10 %.

So bist Du selbst letztendlich nur zu einem sehr begrenzten Teil dafür verantwortlich, was Du oder Deine Kinder anrichten bzw. was aus Dir und Deinen Kindern einmal wird. Demnach besteht wenig Grund, ständig über das nachzugrübeln, was man falsch gemacht haben könnte (niemand ist frei von Fehlern). Selbst dann, wenn Schuldgefühle einmal angebracht wären, sie würden zur Lösung des anstehenden Problems überhaupt nichts beitragen. Es ist nicht Deine Aufgabe, dafür Sorge zu tragen, daß es allen Dir Nahestehenden gut geht.

14. Dein Kind ist nicht wie Du

Mutti und Vati wollen immerzu das Beste für ihr Kind, sie sagen: Wir möchten, daß Du es später einmal besser hast. Die Frage ist, woher wollen Mutti und Vati wissen, was das Beste für ihr Kind ist?

Wenn Eltern ihrem Kind das Beste wünschen, so meinen sie nicht selten ihr eigenes Bestes und gehen dabei oft irrtümlicherweise davon aus, daß ihr Kind so sei wie sie. So stülpen sie ihm ihre Lebensanschauung und ihre Lebensziele über und bemerken nicht, wie sie ihr Kind damit vergewaltigen. Mit Zuckerbrot und Peitsche, Süßigkeiten, Geld und Liebesentzug, mit Nachhilfestunden und Psychopharmaka wird so manches Kind durch die höhere Schule gejagt, weil Eltern immer nur das Beste für ihr Kind wollen. »In der Schule kommen die Kinder besonders gut zurecht, die gelernt haben, Wissen einzupauken, auch wenn es sie nicht interessiert. Alle übrigen scheitern. Die sind vielleicht viel kreativer und intelligenter« (Prof. Seymour Papert, US-Bildungsforscher).

Und so fallen die gutmeinenden Eltern eines Tages aus allen Wolken, wenn ihr Kind heranwächst und ihnen unvermittelt Sätze wie diese an den Kopf wirft. »Ich will mein eigenes Leben leben. Ich will heute leben. Ich will meine eigene Träume wahrmachen. Ich will meine eigenen Fehler machen dürfen. Ich will nicht so werden wie ihr.« Das tut weh, auch wenn wir das seinerzeit ebenfalls zu unseren Eltern gesagt haben oder sagen wollten.

Das Anderssein des Kindes, die Abgrenzung gegenüber der festgefahrenen Lebensart der Erwachsenen, die allmähliche Loslösung in der Jugendzeit sind das Natürlichste von der Welt. Wer das akzeptiert, nimmt dem Ganzen den Schrecken. Lerne, Dein Kind, wie auch Deinen Partner, als eigenständiges Wesen mit eigenständigen Bedürfnissen, Interessen und Sehnsüchten zu begreifen und zu akzeptieren, dann ist allen geholfen, und es werden Euch jede Menge Kopfschmerzen, Depressionen, Süchte und sonstige Irritationen erspart bleiben.

15. Du brauchst nicht alles persönlich zu nehmen

90 % von dem, was Du im ersten Moment als persönlichen Angriff, als persönliche Abwertung und Zurückweisung empfindest, war nie so gemeint. Manchesmal steckt dahinter nichts weiter als der pure Zufall. Nicht selten sollst Du ausbaden, was ein anderer angerichtet hat, und das kann unter Umständen weit zurückliegen und bis in die früheste Kindheit zurückreichen. Wenn Dir jemand die sonst gewohnte Zuwendung entzieht, so will er sich vielleicht selbst damit bestrafen und überträgt eine schmerzhafte Ursituation, z. B. die Zurückweisung durch Mutter oder Vater, auf sein Gegenüber.

Zahlreiche Menschen werden immer wieder von Versagensängsten, Schuldgefühlen, unterdrückten Aggressionen, Angst vor Zurückweisungen heimgesucht, und sie sind ständig auf der Suche nach Sündenböcken, auf die sie ihre Probleme abwälzen können. Frage Deinen wütenden Mitmenschen: »Bist Du sicher, daß Du mich meinst? Oder gilt dein Zorn jemandem, den Du nicht erreichen kannst oder gar Dir selbst?«

16. Laß Dich kritisieren

Wenn jemand Kritik an Dir übt, gehst Du vermutlich wie wir alle zunächst einmal in die Verteidigung: So ist das doch gar nicht, und die anderen sind doch viel schlimmer. Niemand läßt sich gerne kritisieren. Aber es ist nicht nur notwendig, daß Du Deinen Ärger loswerden kannst, genauso wichtig ist es, daß auch die anderen die Möglichkeit haben, den Dich betreffenden Ärger bei Dir loszuwerden. Du mußt nicht denken, daß derjenige, der Dich kritisiert, Dich ablehnt und Dich nicht mag. Wärst Du ihm gleichgültig, so würde er schweigen.

Nimm der unangenehmen Situation, kritisiert zu werden, den Wind aus den Segeln und fordere zur Kritik an Deiner Person auf. Laß Dich mindestens zweimal im Jahr kritisieren. Bitte den Partner, die Kinder, die Eltern, Freunde, Arbeitskollegen darum, Dir einmal offen, ehrlich und ungeschont die Meinung zu sagen. Verteidige Dich nicht, halte es aus, schreib es auf, schau es Dir mindestens einmal im Monat an. Du wirst davon profitieren und Deine Mitmenschen ebenso, denn nicht alles, was von Dir kommt, ist gut, und nicht nur Du leidest mitunter an den Menschen, sie leiden auch an Dir.

17. Dein größter Feind bist Du selbst

Du klagst über Streß, Hetze, Druck, Undankbarkeit, Lieblosigkeit. Du solltest wissen, daß es in erster Linie Du selbst bist, der das heraufbeschwört. Dein größter Feind bist du. Dein größter Hetzer, Dein strengster Richter ist niemand anderes als Du selbst.

Du bist es, der Dich ständig überfordert. Du willst geliebt, beliebt, anerkannt sein. Die anderen sollen glauben, Du seiest besonders intelligent und machtest keine Fehler. Schwächen duldest Du nicht bei Dir. Du machst Dir Deinen Streß selbst.

Du meinst, alles perfekt und richtig und gut und so schnell wie möglich ausführen zu müssen, damit Dich die anderen endlich anerkennen und beachten. Hast Du das kleine Kind in Dir, das so sehr von Mutter und Vater (von dem älteren Geschwisterteil, den Freunden, den Lehrern,...) akzeptiert sein mochte, noch nicht abgelegt?

Du sagst, die anderen nehmen mich nicht so, wie ich bin. Tust Du es denn? Sei nicht mehr so streng zu Dir, laß mal etwas liegen, laß locker, sei nett zu Dir, nimm Deine Schwächen und Unvollkommenheiten an, dann wirst Du ganz von selbst liebenswerter.

---

18. Du bist nicht der einzige, der Angst hat

Angst ist ein beherrschendes Grundgefühl in der Welt der Menschen wie auch in der Welt der Tiere: Angst vor Gewalt, Tod, Naturkatastrophen, Umweltgiften, vor Zurückweisung und Liebesverlust, vor allem und jedem, insbesondere jedoch vor den Mitmenschen. Angst ist natürlich. Ohne Angst gäbe es keine Achtsamkeit.

Das Dumme ist, daß jeder von sich denkt, seine Angst sei größer als die der anderen. In Wahrheit sind die anderen bloß die besseren Schauspieler, Heuchler. Werde Dir bewußt, daß alle Menschen Angst haben, so wird Deine Angst augenblicklich an Macht verlieren. Steh zu Deiner Angst, nimm sie an, und sie wird schneller verschwinden, als sie aufgetaucht ist.

Meide nicht sämtliche Situationen, die Dir angst machen. Geh auf die Angst zu, tu das, wovor Du Angst hast so oft, bis es Dir entweder gleichgültig wird oder Du es sogar lieben lernst. Die vermutlich einfachste Direktmethode gegen die Angst ist unsere Sieben-Tage-Askese.

19. 90 % Deiner Befürchtungen treten nicht ein

Du hast ein Problem. Natürlich hast Du ein Problem. Das Leben ist voller Probleme. Du kannst sie nicht alle aus der Welt schaffen. Sie wachsen nach wie die Köpfe des sagenhaften Drachen. Jedoch wirst Du lernen, anders mit ihnen umzugehen: Spiele in Gedanken den schlimmstmöglichen Fall durch, finde Dich sodann im Geiste damit ab, denke: Ich kann ja doch nichts mehr daran ändern, also lasse ich es geschehen. So begib Dich getrost zu Bett. »Macht Euch nicht Sorgen für den morgigen Tag; denn der morgige Tag wird für sich selber sorgen« (Jesus in: Matthäus 6,34).

Am folgenden Tag ist das Problem entweder verschwunden, oder es ist Dir über Nacht die beste Lösung eingefallen. In jedem Fall ist es sicher nicht zum Allerschlimmsten gekommen, denn nichts wird so heiß gegessen, wie es gekocht wird. »Ein einziger Grundsatz wird Dir Mut geben, nämlich der, daß kein Übel ewig währt«, so Epikur (341 – 271 v. Chr.).

Über 90 % Deiner Befürchtungen und Zukunftsängste werden so niemals eintreten. Wenn Du nun meinst, es wäre gerechtfertigt, der restlichen 10 % wegen griesgrämig durch das Leben zu gehen, dann ist Dir nicht mehr zu helfen. Verschwende keine Gedanken mehr an das, was Du nicht mehr ändern kannst: Glücklich ist, wer vergißt, was nicht mehr zu ändern ist. Ohnehin kommt es im Leben immer anders als man denkt. Das macht es spannend und aufregend.

20. Enttäuschungen setzen den Täuschungen ein Ende

Täglich wirst Du enttäuscht, tagtäglich enttäuschst auch Du die anderen, meist ohne, daß Du es wahrnimmst. Daß ich so oft enttäuscht werde, liegt weniger daran, daß mich niemand leiden mag, sondern eher daran, daß meine Erwartungen zu naiv, zu hochgesteckt, zu anspruchsvoll, zu unrealistisch sind. Ich will ja nicht wie ein Durchschnittsmensch behandelt werden, ich will, daß man mir mehr Liebe und Aufmerksamkeit entgegenbringt, ich will besonders schlau, schön, erfolgreich sein, und das will ich auch für meinen

Partner und die Kinder, und mein Vorbild, das sind die scheinbar glücklichen Oberen Zehntausend und nicht die kleine Frau, der kleine Mann auf der Straße. Das Dumme ist nur, daß das, was ich will, auch die anderen wollen, und das kann am Ende nicht aufgehen.

Verstärkt wird das Dilemma durch die künstlich geweckten Erwartungen von seiten der Medien, allen voran des Fernsehens sowie die oft verlogenen Erzählungen von Freunden und Verwandten (Wie geht‹s denn so? Uns geht es ausgezeichnet, alles in Ordnung...). Das gibt Dir das Gefühl, Du seiest der einzige, der vom Leben immer wieder einmal enttäuscht wird. Nur dann, wenn Du einen Menschen über längere Zeit hinweg kennenlernst und ihn auch im Alltag erlebst, wirst Du gewahr, daß Du nicht alleine bist mit Deinem Gefühl der Unzulänglichkeit.

Nimm Enttäuschungen an als notwendige Schritte auf dem Wege zu Dir selbst. Beginne jeden neuen Tag, ohne etwas Besonderes zu erwarten, dann wirst Du vermutlich sehr viel häufiger angenehm enttäuscht.

21. Nimm Deine Trauer an

Der Tag braucht die Nacht, die Flut die Ebbe. Kein Hoch ohne Tief, kein Gut ohne Böse, kein Leben, das nur angenehm oder nur traurig wäre. Manchmal mußt Du durch die Hölle gehen, wenn Du den Himmel sehen willst.

Es wird Dir nicht gelingen, die schönen Momente des Daseins für immer festzuhalten, aber Du wirst in Zukunft dafür kämpfen, daß sie wiederkehren. Du bist nicht der einzige, der hin und wieder von der großen Trauer überfallen wird. »Frei von Unglück ist niemand« (Sophokles, 494–407 v. Chr.).

Wie die Angst ein natürlicher Bestandteil unseres Lebens ist, so gehört auch die zeitweilige Mutlosigkeit dazu. Falle nicht auf diejenigen herein, die den ganzen Tag lächeln und eine Menge Wind machen, das sind die traurigsten. Je empfindsamer Du bist, um so verletzlicher bist Du auch. Sei stolz auf Deine Empfindsamkeit. Sie sorgt nicht nur dafür, daß Du Trauer intensiver wahrnimmst als andere, sie läßt Dich auch die guten Stunden, die Sonne, die Blumen, die Liebe intensiver fühlen und auskosten.

Wenn die Trauer Dich überkommt, so nimm sie wahr, nimm sie an, wende Dich ihr zu. Zieh Dich eine Weile zurück. Je eher Du sie ernst nimmst, um so eher wird sie wieder von Dir lassen. Nur decke sie niemals zu mit einem Mehr an Fernsehen, Essen, Arbeit, Alkohol, Nikotin, Drogen, Tabletten und dergleichen. Denke an die Geschichte von den beiden Mäusen, die in einen Milchtopf gefallen waren und zu ertrinken drohten. Sie strampelten und strampelten, bis die eine Maus aufgab und ertrank. Die anderen jedoch strampelte solange weiter, bis die Milch unter ihr zu Butter geworden war. »Wer kämpft, muß auch riskieren, daß er einmal verliert. Aber wer gar nicht kämpft, hat schon verloren« (Gerhard Schröder).

22. Keine Angst vor schlaflosen Nächten

Du wälzt Dich von einer Seite zur anderen, Du möchtest schlafen, Du möchtest Dein Gehirn ausschalten, es will Dir nicht gelingen, die Sorgen, der Streß, die Wut, die Trauer, die Angst, immer wieder steigen sie von neuem in Dir hoch. Und morgen erwartet alle Welt von Dir zu funktionieren, also mußt Du schlafen, aber wie? Vor Psychopharmaka scheust Du zurück, Du weißt, das ist ein Bund mit dem Teufel. Und so erinnerst Du Dich an den Rat wohlmeinender Omas, Opas, Heilpraktiker, Ärzte: Nimm etwas Pflanzliches, etwas Natürliches, das hilft, und schaden kann es nicht. Sie sprachen von Baldrian und irgendwelchen Beruhigungstees. Sicher sind solcherlei Hilfsmittel weniger bedenklich als die Bomben der chemischen Industrie, und es dürfte kaum schaden, diese Mittel für einige Tage einzunehmen. Jedoch als Dauertröster sind auch sie nicht geeignet.

Gefährlich wird es dann, wenn man regelmäßig dazu greift. Nicht selten steht am Anfang Baldrian und am Ende Valium. Es gibt Hunderttausende von Medikamentenabhängigen, deren Karriere mit Baldrian begonnen hat. Wer es sich aber nicht mehr zutraut, seine Probleme selbst oder mit Hilfe nahestehender Menschen in den Griff zu bekommen, wer glaubt, ohne regelmäßige Einnahme von irgendwelchen Mittelchen nicht mehr funktionieren, nicht mehr schlafen zu können, der ist auf dem besten Weg in die Abhängigkeit. Abgesehen davon ist natürlich und pflanzlich noch lange nicht gleichzusetzen mit unbedenklich und gesund. Auch Haschisch, Kokain, Tabak, Alkohol und der Knollenblätterpilz sind pflanzlicher Herkunft. Im übrigen gewöhnen sich Körper und Seele auch an jene Stoffe und verlangen bald nach mehr. Wer negative Gefühle wie Angst und Unruhe dämpft, der dämpft auch die positiven.

Es gibt einen wesentlich einfacheren Weg: Laß es zu. Laß es geschehen, einige Nächte hintereinander wenig Schlaf zu finden, laß alles hochkommen an Schmerz, Frust, Kummer. Am Ende wirst Du gestärkt daraus hervorgehen. Ein ganz und gar natürlicher Weg, müde zu werden, wäre der, daß man sich zuvor körperlich verausgabt. Sollten die außergewöhnlichen Schlafstörungen nach drei Nächten noch nicht verschwunden sein, so wären einige Tage des Zurückziehens, einige Tage der Askese anzuraten.

23. Sag Hallo zu Deiner Krankheit

Wenn der Körper seine ersten Signale des Unwohlseins aussendet, so achten wir meist nicht auf ihn, denn wir sind allzusehr damit beschäftigt, im Kampf um Glück, Reichtum, Macht, Liebe unter den ersten zu sein. Werden die Signale schließlich unüberhörbar laut, so daß sie uns weh tun oder uns entstellen, so eilen wir gewöhnlich zum Arzt, der nach maximal 5 Minuten das ersehnte Wundermittelchen verschreibt, damit wir so bald wie möglich wieder unseren ach so furchtbar wichtigen Geschäften nachgehen können.

So bleibt dem mißachteten Körper nichts anderes übrig, als sich bald darauf um so heftiger zur Wehr zu setzen. Es geht auch einfacher: In Zukunft wenden wir uns bei den ersten Anzeichen der Störung zu.

Wenn die Seele rebelliert

Die ersten Signale

beschleunigter Atem erhöhter Puls häufiges Erröten

übermäßige Müdigkeit Bluthochdruck Zähneknirschen

Einschlafstörungen Blähungen

Kopfschmerzen Alpträume Übelkeit

Mundgeruch Durchfall Gähnen

Stottern Herzklopfen Verstopfung

Halsschmerzen

sex. Übererregbarkeit sex. Lustlosigkeit

Juckreiz extremer Harndrang hastiges Essen und Trinken

nervöse Unruhe Hautstörungen schnelles/zu lautes Sprechen

Rückenschmerzen Augenflackern

Dauerschnupfen Dauerhusten Atembeschwerden

Muskelverspannungen Schwindelgefühle kalte Füße

übermäßiges Schwitzen

außergewöhnliche Menstruationsbeschwerden

Appetitlosigkeit

Wir fragen sie, warum sie uns gerade jetzt darauf aufmerksam machen möchte, daß etwas nicht in Ordnung ist. Je eher wir auf die Botschaft des Körpers achten, um so eher verliert die Störung ihren Sinn.

Vielleicht hast Du wieder einmal ja gesagt und nein gemeint. Vielleicht hast Du wieder einmal Deinen Zorn, Deine Wut, Deinen Haß, Deine Enttäuschung, Deine Angst unterdrückt? Vielleicht denkst Du Tag und Nacht an nichts anderes als an Deine Arbeit? Zieh Dich für eine Weile aus dem Verkehr, und es wird Dir ganz von selbst, meist über Nacht, einfallen, wo die Wurzel des Übels zu suchen ist.

24. Lege frühzeitig eine Ruhepause ein

Gerade dann, wenn wir besonders viel zu tun haben, neigen wir dazu, uns keine Pausen zu gönnen, denn uns treibt das Gefühl, unser Pensum andernfalls überhaupt nicht mehr zu schaffen. So arbeiten wir den ganzen Tag hindurch und sind am Abend frustriert, weil wir wieder einmal weder alles, noch das wenige gut erledigen konnten. So essen und trinken wir um so mehr und schlafen um so weniger, und wenn das eine Zeitlang so geht, werden wir krank.

Niemals vermögen wir allen Erwartungen von außen gerecht zu werden und schon erst recht nicht unseren eigenen Erwartungen. Jedoch sollten wir wissen, daß wir deutlich mehr zu leisten imstande sind, wenn wir uns entspannen und ausruhen, bevor wir erschöpft und müde werden. »Wer sich abhetzt, wird nie Vollkommenheit erlangen. Dazu gehören Ruhe und Stille« (ägyptische Weisheit).

Überprüfe mehrmals am Tage, inwieweit Du angespannt bzw. entspannt bist. Das kannst du unter anderem leicht an zu schnellem Atem/Puls/Reden/Essen/Augenflackern und ähnlichem ablesen. Auch allgemeine körperliche Beschwerden wie Kopf- und Rückenschmerzen, Hautjucken, Magen-/Darmstörungen deuten meist auf erhöhte Anspannung hin.

In einem solchen Zustand ist es zwar meist möglich, seiner Arbeit nachzugehen, aber qualitativ gesehen ist die Arbeit nicht viel wert, und irgendwann kommt dann der große Knall, zum Beispiel in Form einer ernsthaften Erkrankung oder eines Unfalls. Lege mehrmals täglich kleine Pausen ein, in denen Du Dich zurückziehst und gar nichts tust oder die frische Luft aufsuchst und Dich ausgiebig bewegst. Manchmal genügen bereits 10 Minuten.

25. Du brauchst wenig Geld zu Deinem Glück

Obwohl wir nach wie vor in einem der reichsten Länder der Welt leben (Nr. 3 nach USA und Japan/Stand: 1996), klagen sehr viele Menschen über Geldsorgen und sind fest davon überzeugt, sich durch ein Mehr an Geld ihrer Sorgen entledigen zu können. So machen sie jede Menge Überstunden und nehmen Zusatzjobs an, selbst dann, wenn sie diese Arbeit nicht mögen, und wundern sich schließlich, wenn die Geldsorgen trotzdem nicht weniger werden wollen. Denn ein Mehr an Streß und Frust führt zu einem Mehr an Konsum.

Dabei geht es auch einfacher: Zum Glück brauchst Du weder ein großes Haus, noch ein schnelles Auto, noch eine Weltreise, Markenkleidung, üppige Mahlzeiten, Alkohol, Zigaretten und dergleichen. Im Gegenteil. Wer weniger einkauft, lebt im allgemeinen gesünder, länger und sorgenfreier. »Nicht wer wenig hat, sondern wer viel wünscht, ist arm« (Seneca, 5 v.–65 n. Chr.). Unter Millionären verzeichnet man nicht weniger, vermutlich aber mehr Selbstmorde als unter Normalverdienern.

Plagen Dich häufiger ernsthafte Geldsorgen, so sei Dir eine Radikalkur ans Herz gelegt: Du verzichtest ein ganzes Jahr lang, oder wenigstens 1–3 Monate, auf alles, was Du nicht unbedingt zum Überleben brauchst. Nur der Anfang dürfte schwerfallen. Danach wirst Du um einiges gesünder, gelassener, zufriedener sein und obendrein jede Menge Geld übrig haben, und wenn Du nicht weißt, wohin damit, so schicke es nach Afrika, denn dort braucht man es nötiger.

Wer sparen will, der meide Geschäfte und verlege seinen Schaufensterbummel auf einen Sonntag, der mache um Einkaufszentren und Fußgängerzonen einen großen Bogen oder gönne sich dieses Vergnügen höchstenfalls einmal im Monat, der erstelle vor dem Einkauf einen Plan und lasse Scheck- und Kreditkarte zu Hause.

26. Du bist schön

Die Frau kann heutzutage alles tun. Sie kann Mutter, Professorin, Politikerin, Schauspielerin, Künstlerin, Polizistin, Lkw-Fahrerin werden, jedoch wenn sie nicht schön und jung ist, scheint man (Mann?) ihr kaum Beachtung, Bewunderung, Liebe entgegenzubringen. Das ist grausam und ungerecht, aber es spielt sich haargenau so ab wie im alten Märchen: Der Held opfert sein Leben nicht für die Frau, weil sie eine gute Frau und ein wertvoller Mensch ist. Er begehrt, beschenkt und rettet ausschließlich Frauen, die jung, schön und sexy erscheinen.

Du jedoch mußt bei diesem Spiel nicht mitmachen. Es trifft zu, daß nicht wenige Männer sich von Fotomodellschönheiten angezogen fühlen. Aber das ist nicht die große Liebe, das sind die großen Triebe. Die Fotomodellvorbilder der Medien sind reine Kunstgeschöpfe, die mittels raffinierter Kameratechnik und stundenlangem Zurechtmachen (Schminke im Gesicht, Chemie in den Haaren, Silikon im Busen, Tabletten im Bauch) dem Durchschnittsmenschen ein Ideal vorgaukeln, das dieser niemals erreichen kann.

> *Die Frauen wundern sich, warum sie nicht so aussehen wie wir. Was sie nicht wissen, ist, daß wir auch nicht so aussehen*
> (Cindy Crawford).

Putze Dich heraus, wenn Dir danach ist, aber laß es niemals zum Zwang werden. Was den Menschen wirklich fehlt, ist nicht äußere »Gelacktheit«, es ist Geborgenheit, Zuwendung, Wärme, Um das zu geben, brauchst Du nicht wie ein Fotomodell anmuten. Ganz gleich, wie Du auch aussehen magst und wie alt Du bist, Du verfügst über zwei Geheimwaffen, die Dir niemand nehmen kann: Deine Augen und Deine Stimme. Auch wohnt jedem Menschen eine einzigartige, weil einmalige Form von Schönheit inne, und die kommt insbesondere dann zum Vorschein, wenn es ihm gutgeht und wenn er entspannt ist, z. B. im Anschluß an unsere Sieben-Tage-Askese.

27. Das Leben ist ein halbvolles Glas

Das Leben ist ein halbvolles Glas Wasser, es war immer ein halbvolles Glas gewesen, und es wird immer eines sein. Es wird den Zeitpunkt nicht geben, an dem alle Deine Ziele, Pläne, Wünsche, Hoffnungen, Träume erfüllt und alle Deine Sorgen und Ängste gelöst sein werden. Das hat die Natur nicht vorgesehen.

Jedoch liegt es an Dir, auf welchen Teil des Glases Du Dein Augenmerk richtest: auf diejenige Hälfte, die fehlt oder diejenige, die da ist. Die meisten Menschen unserer Breiten tun ersteres. »Wir denken selten an das, was wir haben, jedoch immer an das, was uns fehlt« (Schopenhauer, 1788–1860). Für niemanden auf der Welt ist das Dasein ein Paradiesgärtlein. Täglich stellt uns irgendwer ein Beinchen. Das Glas des Lebens wird niemals ganz voll. Du kannst Dich abstrampeln wie der Hamster in seinem Rad, in dem Bemühen, das Glas bis an den Rand zu füllen. Besser, Du richtest in Zukunft Dein Augenmerk auf den Teil des Wassers, der Dein Glas zur Hälfte füllt und erfreust Dich daran.

Und wenn Du wieder einmal das Gefühl hast, das Leben meine es nicht gut mit Dir, so werfe einen Blick in das Bahnhofsviertel einer Großstadt bei Nacht, wo Obdachlose, Rauschgiftsüchtige, Kriminelle, Gestrandete, Abgeschobene ihr trauriges Dasein fristen. Spätestens dann dürfte Dir gewahr werden, daß Dein halbvolles Glas Leben mehr ist, als den meisten Menschen auf dieser Erde zukommt.

28. Die guten alten Zeiten sind ein Märchen

Früher war alles besser, die Menschen friedlicher, freundlicher, zufriedener, das Leben aufregender, die Liebe romantischer, der Schnee weißer. So sprechen die Alten, so sprachen die Alten zu allen Zeiten. Nur selten hört man jemanden sagen, es ginge uns hier und heute gut. Um so öfter vernimmt man Aussagen wie diese: Unsere Zeit ist voller Gefahren und Ungerechtigkeit, und es wird schlimmer von Jahr zu Jahr. Dabei bräuchte man nur einen Blick in die Geschichtsbücher zu werfen, um eines Besseren belehrt zu werden. Haben nicht unsere Eltern und Großeltern noch den Zweiten Weltkrieg miterlebt, in dem ohne Sinn und Zweck Millionen und Abermillionen unschuldiger Menschen grausam zu Tode kamen? War es in der Vorkriegszeit besser, als Armut, Hunger, Willkür, Gewalt und extreme Arbeitslosigkeit an der Tagesordnung waren? Wie war es im Mittelalter, als ein Durchschnittsbürger froh sein konnte, wenn er überhaupt das 20. Lebensjahr erreichte, zu einer Zeit, da von 10 Kindern einer Familie 8 verhungerten, tödlich erkrankten oder bestialisch umgebracht wurden, als jeder Dritte alleine durch die Pest sein Leben verlor, als Menschen wie Du und ich, die eine eigene Meinung hatten, gefoltert und als Hexe oder Ketzer verbrannt wurden, im Namen des Herrn? Wie war es zur Zeit Jesu, da man menschliche Wesen als Sklaven wie Vieh halten durfte, sie auspeitschte, mit und ohne Anlaß, und den Löwen zum Fraß vorwarf?

29. Du hast Glück, hier und heute zu leben

Wer wie unsereins das unverdiente Glück hat, in einem der reichen und demokratischen Staaten zu Hause zu sein, hätte genügend Grund, täglich dem Schicksal zu danken, denn:

* Niemals zuvor waren so viele Menschen so wohlhabend wie hier und heute.
* Noch nie stand uns eine derart reichhaltige Auswahl an Nahrungsmitteln zur Verfügung.
* Noch nie gab es ein größeres Maß an Freiheit.
* Nie zuvor hatten wir so viele Möglichkeiten, zu unserem Recht zu gelangen.
* Noch nie gab es eine Zeit, zu der sich Frauen auf so vielfältige Weise entfalten und verwirklichen konnten.
* Noch nie war die durchschnittliche Lebenserwartung so hoch.
* Noch nie war die tägliche Gefahr, durch Hunger, Seuchen, Gewalt, Krankheit frühzeitig aus dem Leben zu scheiden, so gering wie hier und heute.

Vor einigen Jahren verglich ein englisches Institut die Länder der Erde in bezug auf ihre jeweilige Lebensqualitäten unter besonderer Berücksichtigung der Faktoren Wohlstand, Gesundheits- und Sozialwesen, Sicherheit, Demokratie. An erster Stelle setzten sie Deutschland, gefolgt im wesentlichen von den übrigen Staaten West- und Nordeuropas. Nicht dabei waren die USA, in denen z. B. ein vielfaches an Mord und Totschlag auf 100 000 Einwohner kommt.

30. Enge nicht Deine gesamte Energie auf ein einziges Ziel ein

Nicht wenige Menschen ordnen die Gegenwart, das Privatleben, die Familie, die Gefühle dem einen großen Ziel unter, das in ferner Zukunft liegt, der großen Karriere, dem großen Ruhm und Reichtum. Selbst beim Essen, beim Spielen mit den Kindern und auch in der Nacht, immer denken sie nur an das eine: Wie kann ich noch schneller, noch reicher und noch erfolgreicher werden.

Wer ständig von dem Drang getrieben wird, groß herauszukommen, um endlich akzeptiert, gemocht zu werden, erreicht genau das Gegenteil. Zuerst leiden die Kinder und der Partner, die Freunde und Mitmenschen, am Ende leidest Du. Du wirst gefühlskalt, depressiv oder überaggressiv, süchtig, krank. Es zahlt sich niemals aus, die Gegenwart einer vermeintlich goldenen Zukunft zu opfern. Wenn Du das Leben heute nicht genießen kannst, so wird Dir das in 10 Jahren erst recht nicht gelingen.

Im Tierreich überleben diejenigen Arten am längsten, die vielseitig interessiert und orientiert sind: die Generalisten, die z. B. unterschiedliche Nahrungsquellen kennen und akzeptieren. Der asiatische Bambusbär hingegen, der nichts anderes zu sich nimmt als Bambus, wird in Kürze aussterben. Enge nicht Deine gesamte Energie auf ein einziges Ziel ein. Zum Leben gehören Liebe, Freundschaft, Leidenschaft, Abenteuer, Arbeit, Kinder, Natur, Spaß, Musik – Kampf und Stille – Ebbe und Flut. Glücklich ist, wer aus allem zu schöpfen vermag.

31. Sorge auch im Urlaub für stille Stunden

Man sagt, es sei die schönste Zeit des Jahres: Freiheit und Abenteuer, mit dem Traumpartner in einer Traumlandschaft an einem Traumstrand, Liebe, Lust und Leidenschaft, Romantik, Familienglück, Frieden, Harmonie... Den ganzen dunklen trüben kalten Winter hindurch lebt man für diese zwei Wochen. Wer dermaßen große Erwartungen hegt, der muß sich nicht wundern, wenn alles daneben geht. Wie es keinen Traumpartner gibt, so kann es keinen Traumurlaub geben, auch wenn Familie Meier von nebenan ihre letzte Mallorcareise hartnäckig so bezeichnet und stolz jede Menge Fotos herumzeigt, auf denen nichts als blauer Himmel, blaues Meer und braungebrannte lachende (sag mal cheese) Gesichter zu sehen sind. Je länger der Urlaub zurückliegt, um so aufregender wird er.

Die Wirklichkeit sieht zuweilen anders aus: überfüllte Massenquartiere, Sonnenbrand, Mückenstiche, Kopf- und Leibschmerzen, schlaflose Nächte, nörgelnde Familienmitglieder, und auf einmal werden wir gewahr, daß wir uns im Urlaub noch mal soviel streiten wie zu Hause. Das allerdings ist kein Wunder, sind wir doch rund um die Uhr aneinanderkettet, ohne die Möglichkeit, sich zurückzuziehen oder seinen eigenen Interessen nachzugehen.

Trotzdem fühlen wir uns spätestens in der letzten Woche und vor allem in der Zeit nach dem Urlaub dann doch noch einigermaßen gelockert, entspannt, haben beinahe unbemerkt Ballast abgeworfen, den Alltagstrott zurückgelassen, uns aus der Enge des Gewohnten befreit, von neuen Eindrücken und Kontakten profitiert. Manche müssen erst um die halbe Welt fahren, um festzustellen, wie schön sie es zu Hause haben.

Hier einige Hinweise für einen streßarmen Urlaub: Meide Touristenzentren sowie die Mittelmeerstrände in der Hochsaison. Welt- und Städtereisen sind eher angebracht für solche, die bereits vor dem Urlaub entspannt und erholt sind. Zug- und Schiffsreisen sind Autoreisen vorzuziehen. Wer mit dem Auto unterwegs ist, wähle nach Möglichkeit den Sonntag als Hauptreisetag. Nach jeweils zwei bis drei Stunden sollte der Fahrer, die Fahrerin eine Pause einlegen. Manchmal genügen bereits 10 Minuten, wenn sie zu reichlich Bewegung an der frischen Luft, zu Gymnastik, einem schnellen Spurt genutzt werden.

Gerade in der ersten Woche haben Leib und Seele noch damit zu tun, die Anspannung der vorausgegangenen Berufs- und Alltagshektik abzuschütteln und die Einstellung auf die fremde Gegend, die brütende Sonne, das fremde

Essen, die fremden Betten, die fremden Menschen zu verkraften. Da heißt es, Geduld miteinander zu üben und nicht den ganzen Tag »zusammenzuglucken«. Wer den Sommerurlaub am Meer verbringt, sollte sich behutsam, am besten schon in der Heimat, an die Sonne gewöhnen und in der Mittagszeit den Schatten oder das Haus aufsuchen. Die Haut vergißt keinen Sonnenbrand. Kinder und Säuglinge sind in besonderem Maße gefährdet. Übertriebener Sonnenkonsum steigert das Hautkrebsrisiko, läßt die Haut altern und macht passiv.

Die Ferien bieten eine gute Gelegenheit, sich von ungesunden Gewohnheiten zu verabschieden: Alkohol, üppige Mahlzeiten, zuviel Süßes, täglicher Fernsehkonsum. Oft verspricht man (Mann?) sich von einem Urlaub auch ein Auffrischen der erotischen Aktivitäten. Nicht selten beginnt er damit bereits in der ersten Nacht und macht ein langes Gesicht, wenn sie nicht will, wie er will. Ein wenig Geduld, Freiräume, eine gerechte Aufteilung der anfallenden Pflichten, die Respektierung der andersartigen Interessen, ein sensibles Aufeinanderzugehen werden eher dazu beitragen, daß es dem Partner gut geht und er sich dann auch für die Lust an der körperlichen Liebe öffnet.

32. Suche die Natur auf

Wir sind Kinder der Natur. Der Schimpanse steht uns genetisch näher als der Gorilla. Kleinkinder verhalten sich weitgehend noch so, wie es die Affenkinder tun. Ständig sind sie in Bewegung, laufen, springen, toben, wenn man sie läßt, und fühlen sich am wohlsten draußen, an der frischen Luft. Der erwachsene Durchschnittsbürger unseres Kulturkreises hingegen verbringt den größten Teil seiner Zeit in engen, käfigartigen Gebilden: in Häusern, im Büro, im Auto ... Das macht früher oder später krank.

Trage Sorge dafür, mindestens einmal am Tag die Natur aufzusuchen. Gehe in den Wald, auf das Feld, in den Park, den Garten, z. B. in der Mittagspause, statt Deinen Körper im Schnellimbiß mit Fast Food oder Schokoriegeln zu mißhandeln. Das tägliche Minimum an Samstagen oder Sonntagen sei zwei Stunden. Du wirst Dich in der Natur augenblicklich zu Hause fühlen, entspannt und frei. Du wirst Abstand gewinnen zu den alltäglichen Nöten und Sorgen, die Lösungen Deiner Probleme werden sich hier meist ganz von selbst einstellen. Dabei ist es zweitrangig, in welcher Weise wir der Natur begegnen, ob beim Wandern, Radfahren, Fußball spielen, Schwimmen, Laufen, Tennis..., oder ob wir gedankenverloren mit oder ohne Angel auf ein Gewässer blicken. Bei Mutter Natur tanken wir neue Kraft für den Kampf des Lebens.

33. Zieh Dich zurück und werde gesund

Immer, wenn Dir das Leben übel mitspielt, wenn Dich die Anforderungen niederdrücken wollen, wenn Dir die Reizüberflutung Kopfschmerzen bereitet, wenn Dich die große Wut überkommt, die große Trauer, wenn Du glaubst, nicht mehr weiter zu wissen, wenn Du enttäuscht bist von den Menschen und Dir selbst, wenn Dein Körper erste Signale des Unwohlseins aussendet,

dann greife nicht zu Suchtmitteln, iß Deinen Kummer nicht in Dich hinein, laß Dich nicht vom Fernseher berieseln,

zieh Dich eine Weile aus dem Verkehr, verkrieche Dich in Deine Höhle, suche die Insel auf, wirf Ballast ab, reinige und erneuere Dich, werde gesund und stark.

Zieh Dich zurück:

* einmal im Leben: 6 Wochen
* einmal in drei Jahren: 3 Wochen
* einmal bis dreimal im Jahr: 7 Tage
* einmal im Monat: 1 Wochenende
* einmal in der Woche: einen halben oder einen ganzen Tag
* einmal am Tag: 1 Stunde oder 3 x 20 Minuten.

Literatur

Bettschart, Roland u. a.: Bittere Naturmedizin
Köln 1995 (Kiepenheuer & Witsch)

Die Bibel (Verschiedene Ausgaben)

Bittner, Günther: Problemkinder
Göttingen, 1994 (Vandenhoeck & Ruprecht)

Carnegie, Dale : Sorge dich nicht, lebe! Bern, 1944 (Scherz)

Detlefsen, T./Dahlke, R.: Krankheit als Weg
München, 1983 (Bertelsmann)

Dahlke, Rüdiger : Krankheit als Sprache der Seele
München, 1993 (Bertelsmann)

Ernst, Heiko: Gesund ist, was Spaß macht,
Zürich, 1992 (Kreuz)

Estés, Clarissa P.: Die Wolfsfrau, München, 1993 (Heyne)

Freud, Sigmund : Abriß der Psychoanalyse
Frankfurt, 1938 (Fischer)

Gross, Werner: Sucht ohne Drogen, Frankfurt, 1991 (Fischer)

Günster, Karl-Heinz u.a.: Gesunde Ernährung aus dem Supermarkt?
Heidelberg, 1986 (Haug)

Katalyse-Umweltgruppe Köln: Neue Chemie in Lebensmitteln
Frankfurt, 1995 (Zweitausendeins)

Kelder, Peter : Die Fünf »Tibeter«, Wessobrunn, 1991 (Integral)

Kneipp, Sebastian: Meine Wasserkur
München, 1886/1954 (Ehrenwirth)

Köhler, Thomas : Psychosomatische Krankheiten
Stuttgart, 1989 (W. Kohlhammer)

v. Koerber u.a.: Vollwert-Ernährung, Heidelberg, 1993 (Haug)

Koesters, Paul-Heinz : Wenn die Seele krank macht
Hamburg, 1990 (Gruner & Jahr)

Kuntz-Brunner, Ruth u.a Heute bitte nicht, Reinbek, 1992 (Rowohlt)

Langbein, Kurt: Bittere Pillen
Köln, 1985 (Kiepenheuer & Witsch)

Lieb, Hans u.a: Der kranke Gesunde, Stuttgart, 1990 (Trias)

Mitscherlich, Alexander :	Krankheit als Konflikt Frankfurt, 1966 (Suhrkamp)
Morris, Desmond:	Liebe geht durch die Haut München, 1972 (Droemer/Knaur)
Nuber, Ursula :	Die verkannte Krankheit Depression Zürich, 1991 (Kreuz)
Overbeck, Gerd :	Krankheit als Anpassung Frankfurt, 1984 (Suhrkamp)
Pohlen, Manfred u.a.:	Psychoanalyse: Das Ende einer Deutungsmacht, Reinbek, 1995 (Rowohlt)
Sacks, Oliver:	Migräne, Reinbek, 1994 (Rowohlt)
Schell, Walter:	Das deutsche Gesundheitswesen Stuttgart, 1995 (Thieme)
Senger, Gerti:	Was Frauen denken, Genf, 1990 (Ariston)
von Üexküll, Thure :	Lehrbuch der Psychosomatischen Medizin München, 1981 (Urban & Schwarzenberg)
Verres, Rolf :	Krebs und Angst, Berlin, 1986 (Springer)
Vester, Frederic :	Phänomen Stress, Stuttgart, 1976 (DVA)
Watzlawik, Paul :	Anleitung zum Unglücklichsein München, 1983 (Piper)
Weil, Andrew:	Was uns gesund macht, Weinheim 1988 (Beltz)